片足で挑む山嶺

桑村雅治

はじめに

私は小学2年生（8歳）の時に骨肉腫という骨のがんにより、左足を付け根から切断しました。それから53年の歳月が流れ、現在は還暦を迎えた61歳です。数えきれないほどの人生の喜怒哀楽を経験して、たどり着いたいまの心境は、〝片足を切断して良かった〟というものです。

信じられないかもしれませんが、本当にそれがいまの正直な気持ちなのです。

私が人にこの話をすると「足が無いより、あった方が良いに決まっているでしょう？　なぜ、そう思うのですか？」と必ず聞かれます。

この質問に、私はいつもこう答えます。

「足を切断しなければできなかった経験があり、出会えなかった大切な人たちがいる。私は足を切るべくして切ったのだ。足を切断したから、自分のやるべきことをやれている。だから、いまが一番充実していて最高に幸せなのだ」と。

もちろん、最初からそんな思いだったわけではなく、人生に絶望して運命を受け入れられない頃もありました。いろんな経験や出会いがあって、半世紀以上経ったいまだからこそ至った心境なのだと思います。

私は日本百名山の登頂に挑戦していますが、この本は俗に言う山行記ではありません。

たとえ山に登らない人であっても、人生を楽しみたいと思っている人はぜひ手にとって読んでほしい。

そして、いま進む道に迷っている人にとって、少しでも壁を乗り越える勇気やヒントになればと思い、私の歩んできた人生を一冊の本にすることにしました。

この本には、自分の生い立ちから、足を切断してから後のこと、片足で前人未到の日本百名山の登頂に挑むに至った理由について書いています。

人が人生を全うするのに、障害の有無は関係ありません。

では、どうして、私がそのように断言できるのか。その答えがきっと見つかるはずです。

この本は、人生という山に登り続けてきた私の備忘録であるとともに、私自身へのささやかなエールであり、そして私から読者の皆さんへのメッセージが込められています。

片足で挑む山嶺　目次

第2章 片足で生きる

第3章　前人未到への挑戦

第4章　そばで見守ってくれる人

第5章　なぜ片足で山に登るのか

第6章　山が教えてくれた人生

第7章 片足で挑む山嶺(さんれい)

装幀　石川直美（カメガイ デザイン オフィス）
カバー写真　桑村伊佐子
編集協力　㈱スーパーサウルス
（落合篤子・坂口香津美）
DTP　美創

第１章

８歳で左足を失う

やんちゃな〝ガサ〟ガキ大将

1963年（昭和38年）5月29日、大阪府の大東市で生まれた私は、母と離れて祖母の家で暮らし、幼い頃からやんちゃ坊主やわんぱく坊主の見本のような子供でした。

「落ち着きのない子だ」

と、よく親類から揶揄されましたが、本人から言わせれば別に落ち着きがないのではなく、ひとつの場所にじっとしているのが苦手な性格だっただけなのです。大阪では落ち着きのない人のことを〝ガサ〟といいます。私はそんなガサなガキ大将だったのです。

その頃は、まだ私は左足も切断しておらず、友達と一緒にザリガニ釣りをしたり、クワガタやセミを捕まえたりして、朝から晩まで野山を駆け回り泥だらけで帰ってくるという、どこにでもいるごく普通の子供でした。

私は一人っ子で兄弟はいませんが、年の近いいとこや遊び友達が近くに住んでいたので、よく一緒に遊びました。お小遣いを貯めて駄菓子屋におやつを買いに行ったのも懐かしい思い出です。

私が生まれた翌年の１９６４年（昭和39年）は東京オリンピック、１９７０年（昭和45年）には大阪で日本万国博覧会が開催されるなど、日本は高度経済成長期に突入していました。

当時はテレビも白黒からカラーに変わりはじめた頃で、まだテレビゲームなどもありませんし、子供はみんな外で走り回って遊んでいました。

本当の母との新生活

小学校に入学する前年の１９６９年（昭和44年）に、それまで暮らしていた大東市の祖母の家から、大阪市内に住む母の元に引き取られることになりました。

両親は私が小さい頃に離婚し、美容師だった母は、自分のお店を開業するまで幼い私を祖母に預けていました。

私は幼稚園までは、祖母が自分の母親だと思っていて、たまに顔を見にくる実の母は、いつもお土産をくれる大好きなおばちゃんと思っていたのです。そのおばちゃんが本当の母だと知らされた時は、びっくりはしましたが、大好きな人だったので一緒に住むことには何ら抵抗はありませんでした。

それまで育ててくれた祖母と離れるのは少し寂しかったけれど、同じ大阪だし、いつでも会いに行ける距離だったので、喜んで母についていったのを覚えています。

大阪市内の母の家は、1階が美容室で2階が住居という造りになっていました。住み込みで働いている従業員の女性2名と、メリーという名のマルチーズ犬を飼っており、そこでにぎやかな新生活が始まりました。

小学校入学の頃、母と

天性の運動神経

その頃、やっていた遊びは、電信柱や家の屋根の上に上がることでした。

屋根の上には野球のボールが引っかかって残っていたりして、近所の家の屋根に上がってはボールを拾い集めていました。友達が怖がるような高い場所でも、私はひょいひょいと身軽に上がっていました。

現在では「パルクール」という障害物を乗り越えていくスポーツがありますが、それと似たような動きの遊びだと想像してもらえれば分かると思います。

もともと父も母も運動神経が良かったので、私もその血を受け継いだのでしょう。いまから考えればその頃から高い所へ上がるのが好きでした。

大阪市内の小学校に入学しても、勉強はあまり好きではありませんでしたが、走ることや体育の授業は大の得意でした。足が速くて運動会のかけっこでは負けた記憶がありません。

たぶん、学年でも一番足が速かったと思います。

運動会では間違いなくヒーローでした。

そう、自分の人生を変えることになる、あの出来事が起こるまでは……。

左足に腫れが

1971年（昭和46年）、私が8歳を迎えた小学校2年生の時です。

その後の自分の人生において、決して忘れることができない出来事が起こります。その時のことはいまでも鮮明に記憶に残っています。

放課後に友達とベッタン（メンコ）で遊んでいた時のことです。ふと左ひざの痛みに気付きました。足を見ると、左ひざの関節の内側がぽっこりと腫れています。

どこかにぶつけたのか？

とも思いましたが、痛みが引かないので、家に帰ってから母に足が痛いことを訴えると、「明日、医者で診てもらおう」ということになりました。

翌日、母に連れられて近くの外科を受診しました。

「こちらでは診断できないので、すぐに大きな病院に行ってください。いまから紹介状を書きます」

レントゲンを見た先生が、少し深刻な顔つきで言いました。

この時の先生の慌てた様子を見て、子供ながらに大変なことが起きているのだと察しました。

翌日、母と一緒に、天王寺にある大阪市立大学医学部附属病院（現在の大阪公立大学医学部附属病院）に行きました。

この病院は、当時は通称「市大病院」と呼ばれ、がんなどの先進医療の設備が充実している大阪市内でもかなり大きな病院でした。

私は受診すると同時に、緊急入院することとなりました。

その日から、3度の手術と1年近くにも及ぶ闘病生活が始まりました。

8歳、告知された骨肉腫

「骨肉腫」。

これが診断された私の病名です。

骨肉腫は骨に発生する悪性腫瘍（がん）で、10代の思春期、すなわち中学生や高校生くらいの年齢に発生しやすい病気です。この病気にかかる人は年間に200人くらいであり、がんの中では非常にまれな部類に入るそうです。

医療が発達したいまでこそ治癒率は高くなっていますが、1971年当時は、がん細胞の転移が速いために手遅れになるケースが多く、不治の病とされていた難病でした。

1度目の手術では、ひざの骨のがん細胞のみを切り取ることを試みました。足を切断せずに済めば、それに越したことはありません。

しかし、転移する可能性が高かったため、2度目の手術で左足をほぼ根元から切断することになりました。

当時8歳の私には、詳細は一切知らされませんでした。主治医と母が相談した結果を、後で知らされたのです。

まあ、8歳の子供ですから相談されても、何も判断はできなかったと思いますが。

左足を切断

足を切断する2度目の手術の際も、私には何も知らされませんでした。

手術後、全身麻酔から覚めた私は、布団が掛けられていたので自分が片足になっていることに気付きませんでした。

手足を切断しても感覚は残っているのです。

これは「幻肢」とか「幻肢覚」といわれる感覚で、分かりやすく説明すれば、事故や病気で手や足（肢）を切断しても、脳がいままでの感覚を覚えているために起こる現象です。

ただ実際には、足はありませんので、動かすことなどはできません。

「足を布団から出して！」

手術後、私は左足が異常に熱かったので、近くにいた祖母に頼みました。

その時の祖母の困った顔が、いまでも瞼（まぶた）の裏に焼き付いています。

しばらくして麻酔から覚めて、自分で布団をとった時、左足が無いことを理解しました。いや、正確には理解できていなかったのだと思います。片足が無いという現実を知っただけでした。

「片足になったらもう走られへんやん。運動会に出られへんなあ」

いま、思えば不思議なことに、その時の私の感情はあっさりしたものでした。

幼い私には、これから片足で生きるということがどういうことになるかが、すぐには理解できなかったのだろうと思います。

先進医療の恩恵

手術後は、抗がん剤の投与や、切断部へ電子機器をチューブで繋(つな)いで薬剤を投与するなどの最先端の治療を続けることになりました。

幸いにも抗がん剤での脱毛とかはありませんでしたが、吐き気がひどかった記憶があります。

先進医療を受けるために治験（臨床試験）を受けたとも聞きました。

治験とは、要は新しい治療法の実験台になり、副作用のリスクがあるかもしれないけれど、その代償として最先端治療を受けられて、かつ費用が抑えられるというものです。

費用のことに関しては、母は私が成人後も何も語りませんでしたが、ベッドの周囲には大きな医療機械がたくさん並んでおり、現在のように医療保険も充実していたとはいい難い中で、高額の治療費や入院費用がかかったのではないかと想像できます。

おそらく、母は、いかなる手段を使ってでも息子に生きてほしいと、可能性のある治療法はすべて試したのだと思います。

先進医療に費やした費用は、莫大な金額だったと思います。

しかし、その先進医療の恩恵を受けたおかげで、いまの私がいるのです。

それにしても、女手ひとつで働いて、私を育ててくれた母には、苦労をかけてしまいました。

「何としてでも、子を生かす」

と決断してくれた母には、いまでも感謝しかありません。

小児病棟の楽しみ

入院中は2日に1度の採血検査や、毎日の点滴が課せられ、生きるためとはいえ、つらかった記憶があります。

私は腕の血管が出にくい体質らしく、細い腕に何度も注射針を刺されます。打つ場所がなくなると、しまいには足の血管にも打たれました。

その頃のトラウマなのか、いまでも私は注射器を見ると動悸が速くなるなど、子供の頃に植え付けられた恐怖心は、なかなか消えません。

病院内での生活はつらく退屈なものではありましたが、それなりに楽しかった思い出もあります。

入院した病室は小児病棟の6人部屋で、同じ年代の子供たちと一緒です。そこで、おしゃべりや漫画本の貸し借りをよくしていました。

看護師さんが何人か子供たちを、ストレッチャー（移動式担架）に載せて屋上に連れて行ってくれるのも楽しみでした。

しかし、ここでも私は持ち前のやんちゃぶりを発揮。入院中にもかかわらず、じっとしていられず、車いすに乗って病院のスロープを猛スピードで走り下りて、看護師さんによく怒られました。

3度目の手術

左足の切断手術の後、傷口の縫合が開いてしまい、再び手術を受けることになりました。

入院して、これが3度目の手術です。

今回も、検査と抗生物質の投与があり、毎日山ほどの薬を飲まされます。

何の薬かは分かりませんが、1日に両手に載りきらないほどの量の薬を飲むのは、子供にとって苦痛でしかありません。

実は、足を切断したこの時点でも、私の命の助かる確率は低かったらしいです。母は美容室の経営のため、ずっと付き添うことはできませんでしたが、代わりに祖母が病院に泊まり込んでそばについていてくれました。

そして、私の、いろいろな身の回りの世話をしてくれました。


これも入院中の楽しかった思い出ですが、よく祖母におんぶしてもらい、外出したのを覚えています。

病院の近くの近鉄百貨店の屋上にある遊園地には、よく連れて行ってもらいました。

闘病生活をしている孫のために、少しでも気晴らしをさせてあげようという祖母の深い愛情でした。

私は、幼稚園までは祖母に育てられたので、大のおばあちゃん子として育ちました。

母とともに、祖母がそばにいてくれたから、つらい病院での生活にも耐えられたのだと思います。

第２章

片足で生きる

松葉杖と自転車の生活

治療期間が終わり、ようやく退院することができたのは、入院から11ヶ月後のことでした。

不治の病とされた骨肉腫の治療でしたが、幸運にも他の部位への転移は見られず、その後も定期的に検査は受けなければならないものの、ひとまずは退院することができました。

片足になり、外で歩くのには義足が必要ということで、入院中に義足を作りました。けれど、成長期の子供にはすぐに合わなくなってしまいます。重たい義足を装着するより、松葉杖で歩く方が身軽で動きやすかったこともあって、しばらくは松葉杖で生活することにしました。

そして、再び小学校に通いはじめました。

しかし、2年生のほとんどの期間を入院していたので、勉強の遅れを取り戻すのが大変でした。

小学2年生といえば算数の基礎となる九九を覚える大事な時期です。そこがまったく勉強できていなかったため、必死で九九を覚えた記憶があります。

自宅から小学校までの距離は1㎞も無かったのですが、片足で松葉杖をついて通うのは大変だろうと、学校は特例で私に自転車通学を認めてくれました。

え？　片足で自転車に乗れるの？

と思われるかもしれませんが、運動神経は良かったので何の苦労もなく乗れました。

片足でいろんな漕ぎ方を独自に編み出して、どの漕ぎ方が一番スピードを出せるかを研究し、両足で漕ぐ友達と同じくらいのスピードで自転車に乗れるようになりました。

それからは、どこに遊びに行く時も自転車を使うようになりました。松葉杖を前かごに入れたり自転車に縛り付けたりして、20〜30㎞の距離も難なく走り抜けて、大阪府下から他府県まで自由にどこにでも遊びに行きました。

イジメにも負けず

片足が珍しいのか、学校生活では、最初はみんなから好奇の目で見られました。珍しいものは良くも悪くも注目されるのです。

仲の良い友達はいろいろ助けてくれた一方で、あまり親しくない子たちは、初めこそ「病気で足を切ってかわいそう」ですが、見慣れてくると「生意気だからからかってやれ」になります。

私も最初は、ご多分に漏れず、イジメの対象にされました。

でも、私もいいなりにはならない性格でしたから、こちらからケンカをしかけることで相手を負かしていました。

松葉杖ブーメランという秘技

私が、この頃に編み出した秘技が松葉杖ブーメランという技です。

どんな技かというと、持っている松葉杖をブーメランのように平行に回転させて投げるのです。杖が当たるとかなり痛いので、相手は戦意喪失して泣きだし、私の勝利が確定します。

しかし、目標を外すと松葉杖を相手にとられて、こっちが歩けなくなってしまうという諸刃（もろは）の剣の技でした。

私が黙ってやられているタイプではないと知って、相手も面倒になったのか

小学5年生の頃。同級生と魚釣り

高い防波堤にも難なく登っていた

徐々にからかう輩（やから）もいなくなっていきました。

学校では、ほうきとピンポン玉で野球をしたり、黒板にみんなで落書きしたりして、片足が無いことを除けばごく普通の小学生として学校生活を送りました。

片足で草野球に熱中

小学生の頃に一番好きだった遊びは野球です。

放課後も休日もほぼ毎日、近所の友達と野球をしていました。場所は空き地や公園で、人数が集まらない時は2～3人でキャッチボールをするのです。

片足なので、もっぱらケンケンで守備や打撃をします。

私の脚力は、たぶんこの頃にやっていた野球のおかげで鍛えられたのではないかと思っています。

何時間も片足で野球をするなんて、誰が想像できるでしょう。

それを普通に、楽しみながらやることで、いつの間にか足腰が鍛えられていったのだと思います。

野球では、読売ジャイアンツがV9を達成し、黄金時代を迎え、王貞治選手と長嶋茂雄選手が現役でプレイしていた頃です。子供たちはほとんどが巨人ファンで、私もジャイアンツの帽子をかぶり草野球に熱中していました。

見られることに慣れなさい

私の母の教育方針が素晴らしかったと思うのは、障害を隠すことなく、積極的に公の場に私を連れ出してくれたことです。

身内に障害者がいると、人目にさらすことを戸惑う家庭が多い。しかし、母の行動は真逆でした。

運動会など地域のイベントには必ず私を参加させ、新しいスポーツ施設ができると連れて行き、片足の息子を世間の目にさらしたのです。

ひどい母親だと思いますか？

いいえ、違います。これは、これから私が生きていく上で必要なことだったのです。

当時の私の正直な気持ちとしては、本当は人前に出るのが好きではなく、好奇の目で見られるのも嫌でした。

「あの子、片足が無いよ！」

知らない子にそう言われるのが嫌で嫌でしようがなかったのです。しかし、片足の姿をさらしているうちに、その恥ずかしいという気持ちが徐々に薄れていきました。

そうです。

〝慣れ〟というものなのです。

見た目が人と違うと、周囲から見られることは避けられません。

息子がこれからの長い人生において、人に見られることを気にせず生きて行けるように、〝見られることに慣れなさい〟という母の教えがそこにありました。

母は私に対して、自分でやりたいと思うことは自由にやりなさいと言いました。

そうやって、特異な障害を持つ息子に、平凡に生きる環境を与えてくれたのです。

トランポリンとライダーキック

1974年（昭和49年）、私が小学5年生の時、大阪市の長居公園に大阪市長居障害者スポーツセンターが完成しました。

障害者のためのスポーツセンターとしては、日本で初めて設立された施設で、世界でも2番目という珍しい施設でした。

その当時は、まだ、障害者がスポーツを行うこと自体が一般的には認知されておらず、現在のように「パラリンピック」という言葉すらありませんでした。

大阪市内に住んでいる障害者であれば、誰でも無料で施設を利用することができます。

温水プール、トレーニング室、卓球室、体育室、ボウリングレーンまで揃（そろ）った近代的な施設です。

その後、この長居障害者スポーツセンターを模して、全国各地に障害者スポーツセンターが続々と誕生しました。

日本においてまさに、障害者スポーツのさきがけとなった施設でした。

その長居障害者スポーツセンターが、自宅から徒歩5分という近距離にできたことも、私の人生に大きな意味を与えました。

このセンターの情報をどこで入手したかは分かりませんが、母は、いち早く私をこの施設に連れて行きました。

私は、スポーツといえば、それまでは野球しか経験がありません。

水泳は、まったく泳げない〝かなづち〟でしたが、この施設に通うことで泳げるようになり、水泳の他にもスポーツの楽しさに目覚めるきっかけとなりました。

また、長居障害者スポーツセンターには、当時は珍しかったトランポリンなどの設備がありました。

私は、学校帰りに友達を連れて、毎日のように通いました。

小学生の頃は、「仮面ライダー」や「ウルトラマン」などのヒーロー物が流行っていましたが、私は、中でも仮面ライダーが大好きでした。

当時、母に、仮面ライダーの変身ベルトなどのグッズを買ってもらったのを懐かしく思い出します。

トランポリンの上には、安全上一人しか乗れません。

ただ、一人で乗るだけではすぐに飽(あ)きてしまうので、私たちはトランポリンの上で、ライダーキックをやり合うのです。

子供のやることですから、そのうち友達同士で本気で蹴り合うことになり、施設の指導員に何度も怒られました。

仮面ライダーに夢中だった頃

それでも、トランポリンの上でのライダーキックの蹴り合いは楽しく、指導員の目を盗んでは仮面ライダーごっこに夢中になっていました。

本当に手のつけられない、どうしようもないやんちゃな悪ガキだったと自分でも思います。

この施設は、基本的には障害者しか利用できませんが、私と一緒なら友達も利用できます。それが、子供ながらに友達に対して鼻が高かったのでしょう。クラスの友達を大勢連れて行ったのを覚えています。

足が無くても女子に人気

やがて年頃になると、学校でも異性と付き合いはじめる友人が周りに出てきました。

私にも好きな子はいましたが、片足が無いことが負い目になり、告白する勇気がありません。

自分だけなら何とでもなりますが、恋愛は相手があることなのでどうしても臆病になっていて、片足の自分に彼女なんてできるのだろうか……と不安でいっぱいでした。

でも、その不安は取り越し苦労で、中学から卓球部と水泳部にも入部してスポーツが得意だったのと、明るくて面白い性格が幸いしてか結構女子から人気がありました。電話や手紙で告白されたりもして、「足が無くても大丈夫なんだ」と少し安堵（あんど）しました。


しかし、卓球も水泳も長続きはしませんでした。

卓球部は、1年生は上級生の球拾いばかりさせられるのが嫌で、1年で辞めてしまいました。2年生になってからは水泳部に所属しました。

その水泳部も、夏場は冷たいプールで泳げるので気持ちがいいのですが、秋になると屋外プールのため泳げなくなる。水泳部なのに、単調でつらい陸上での筋力トレーニングになります。

その頃の私は、持ち前の運動神経だけでスポーツをやっていたので、泥臭い鍛錬は苦手でした。それで、水泳部もひと夏で辞めてしまいました。

「あんたは、根気がないなぁ」

と私を見て、母はよく愚痴っていました。


高校からは男子校に進学したので、女子との出会いは減りましたが、いまでも関係が続く友人たちとの出会いもあって、片足でも楽しい学園生活を送ることができました。

初めて彼女ができたのは19歳の時でした。当時にすれば遅い方だったと思います。

日常生活で使用する装具も、年齢とともに変化していきました。小学生時代は松葉杖でしたが、中学生・高校生時代はクラッチという金属の杖で生活していました。

クラッチについては、私の人生に大きく関わってくる装具なので、後の章で詳しく書きたいと思います。

仕事より、競技スポーツ

1982年（昭和57年）、高校を卒業した後は、映写機レンズの製造や、区役所で働く公務員、カー用品販売店と様々な仕事を経験しました。どの仕事も楽しくはありましたが、これぞ天職だという仕事とは巡り合うことはできませんでした。

会社で働くようになるとスーツを着て接客することもあり、片足の姿でお客を驚かせてもいけないので、その頃から、仕事では義足を装着するようになりました。

義足での就労も特に支障なく、不自由することなく働いていました。

人間関係にも恵まれて、楽しい生活を送っていたのですが、でも心のどこかで何か物足りなさを感じてもいたのです。

私にとって仕事とは、生活していくためのお金を稼ぐ手段であって、生きがいではありませんでした。

仕事は大事なものですが、人生のすべてではありません。
仕事をするために、生きているわけでもありません。

自分の人生をかけられるほどの、やりがいを感じられる仕事に巡り合えれば幸福ですが、そんな人はごくまれだと思います。

その頃の私は、仕事よりも、競技スポーツに生きがいを見出していたのです。
まるで、運命に導かれるように競技スポーツに没頭していきました。

社会人になって本格的に競技スポーツを始め、バドミントン・水泳・スキー・自転車と、様々な種目を経験して、障害者の国際大会で日本人としては初のメダルも獲りました。どの競技も楽しく、どの種目でもパラリンピック出場を狙える成績を残していました。

自分はどの道を選べばよいのか。
将来、何をすればよいのか迷っていた時期です。
そして、30代半ばを迎えた頃、私の運命は大きく動きはじめます。

第3章

前人未到への挑戦

負けて学ぶこと

私が、20代から30代にかけて、一番集中して取り組んでいたのがバドミントンでした。

障害者の大会においては、すでに国内には敵はおらず、4年に1度開催される障害者のアジア大会・フェスピック（現在のアジアパラ競技大会）にも、日本代表として3度選ばれました。

その頃は、パラリンピックにはバドミントン競技は入っていなかったので、アジア大会が障害者スポーツの中では最高峰の大会でした。

１９８６年（昭和61年）、インドネシアで開催されたフェスピックにおいて、23歳だった私は準決勝まで勝ち上がり、優勝したインドネシア選手に敗れはしましたが、３位決定戦で勝って銅メダルを獲得しました。

インドネシアは、バドミントンが国技であることもあり、選手の層も厚い。優勝、準優勝こそ逃しましたが、それまでは日本の障害者バドミントン選手が、海外の大会に出場した前例は無く、私の銅メダルは、記念すべき日本人初のメダルとなりました。

ただ、私はそれで満足することなく、一般の実業団のバドミントン大会にも出場して、健常者とも試合をしていました。

障害者の大会では、同程度の障害がある選手ごとにクラスを分けて試合を行います。そこで私が負けることは少ないですが、健常者との対戦になると、さすがに片足で勝つのは難しい。負ける試合の方が多かったけれど、私がやりがいを感じていたのは、勝てる障害者との試合ではなく、負ける健常者との試合でした。

人は、自分が勝った試合からは、何も学ぼうとはしないものです。負けたからこそ、自分のウイークポイントを確認し、次にどうすれば勝てるのかを考え、修正して強くなっていきます。

勝って当然、という環境でやっている限り、競技者は強くはなれない。

「ぬるま湯に浸かっていても何も成長は無い。強くなりたければ、より厳しい環境に自分の身を置くこと」

私は、この言葉を、競技を続ける中で、後輩たちに言い続けました。

競技人口が少ない障害者の世界でトップをとるよりも、「競技人口も多い、あえて自分に不利になる健常者の世界で戦ってこそ、自分の成長に繋がる」との考えを持っていた私は、〝障害者スポーツ〟といわれるジャンルには違和感を持っていました。自分が追求しているものとは、何か違うなと。

この道は、自分の進む道ではないかもしれないとも感じていました。

私は、ナンバーワンという称号にも、記録という勲章にも、あまり興味がありません。

なぜなら、これらはとても儚(はかな)く、いずれ忘れ去られるものに思えたからです。

ナンバーワンは、時の流れにより、いずれナンバーツーになり、ナンバースリーになっていくものです。どんなに強いチャンピオンでも、ずっとその座に居ることはできません。

記録も同じです。

どんなにすごい記録を残したとしても、いずれは誰かに更新される日が訪れます。

私が追い求めたものは、ナンバーワンではなく、「オンリーワン」であり、記録ではなく、「記憶」に残るプレイヤーであることでした。

だから、勝敗にこだわることなく、常に自身が高みに挑める〝舞台〟と場所を探していました。

その頃は、トライアスロンというスポーツにも惹かれていました。

トライアスロンとは、鉄人レースと呼ばれ、水泳・自転車ロードレース・長距離走（スイム・バイク・ラン）の3種目を、一人のアスリートが連続して行うスポーツで、障害者が参加した前例はほとんどなく、したがって障害者の部門もありません。

片足で挑むのは現実的ではない、と思いつつも、なぜか「鉄人レース」というフレーズに惹かれ、それがずっと頭の中に残っていました。

その頃の私は、自分がこれからどの競技を続けていくべきか、何を目標に生きて行けばよいのかを迷っていた時期だったと思います。

命の助かる確率は10％

「自分は、いったい何をするために生まれてきたのだろうか……」

ふと、そんなことを考えている時、あるひとつの記憶が蘇ってきました。

それは遠い日の記憶で、片足を切断した私が、母と交わした何気ない会話でした。

いつだったかは、はっきりとは思い出せませんが、母と同居していて独身だった20代の頃だったと思います。母は、私が8歳で足を切断した時の話をしました。

「あなたの病気は、不治の病といわれていて、足を切断したとしても、10%だったのよ。命の助かる確率は」

「あと1日、治療するのが遅れていたら、助からなかっただろうと先生が言っていた」


「へえ、幸運だったんだね」

この話を最初に聞いた時に思った、私の感想です。


しかし30代になったある日、この会話を思い出した時に、全身に雷が落ちたような衝撃を受けました。

急に、頭の中の霧が晴れていく感覚があり、自分の進むべき道が鮮明に見えたのです。

「そうか。そういうことか」

私は一瞬で理解しました。

「生存率10％で死ななかったということは、理由があって神様に生かされたのだ！」

「五体満足の状態ではなく、片足で自分で何かを成し遂げろということか！」

頭はフル回転して答えを導き出していきます。

それまで自分に起こったすべての出来事が繋がり、ひとつひとつの出来事には意味があることを理解しました。

まるで、散らばったパズルのピースがはまっていくようにして導き出された答えは……。

「私の進むべき道は、前人未到のトライアスロン！」

未知の競技、トライアスロン

バドミントンや水泳で、日本代表になって国際大会で活躍するのは、別に私でなくてもいい。私がやらなくても、代わりはいくらでもいるのです。

「代わりができることは自分の仕事ではない」

「私のやるべきことは、自分にしかできないことをすること」

当時、私の持つ障害区分で、トライアスロン競技に出場した前例はなく、そこは誰も挑戦したことがない前人未到の領域でした。

大腿切断で、トライアスロンをするのは、自分にしかできないことだ。トライアスロンをやることこそが、オンリーワンであり、歴史と人々の記憶に残ることなのだ。

これこそ、自分が追い求めていた道だと確信したのです。


その日の夜は、なかなか眠ることができませんでした。

自分の天命に気付いた、その日を境に、私の人生は大きく変わっていった気がします。

これから、いばらの道が待っているとも知らずに、自分の進むべき道に出会えた喜びと興奮で、楽しくて仕方がありませんでした。


まずは、未知の競技であるトライアスロンについて、情報収集するところから始めよう。

西暦が１９９９年から、２０００年に変わろうとしていた、まさに年の瀬の12月のことでした。

私が36歳になった年です。

鉄人レースに挑むために

トライアスロン（triathlon）とは、ギリシャ語で数字の「３」を意味する接頭辞tri-と、「競技」を意味するathlonの合成語で、１９７４年（昭和49年）にアメリカで始まった比較的新しいスポーツです。

日本では、１９８１年（昭和56年）に鳥取県の皆生（かいけ）で、初めてのトライアスロンの大会が行われました。

友人や知人に、トライアスロンをしている人がいれば、その人にいろいろ教えてもらうこともできますが、日本では当時、まだ歴史の浅いスポーツだったためか、私の周りでトライアスロンをやっている人は皆無でした。

ただ、私が以前からリスペクトしている、一人の「義足のトライアスリート」がいました。

「義足の鉄人」と呼ばれている古畑俊男さんという著名な方で、「片足のひざから下」を切断していますが、義足でトライアスロンに出場しておられます。

「北海道函館市生まれ、静岡県三島市育ち　血行不良の疾病により、20歳の時に右ひざ下切断。2種4級身体障害者に」

とインターネットにご自身のプロフィールを公開しています。

私は、かねて古畑さんをテレビ等でお見かけして、すごい人がいるものだと感心していました。

しかし、同じ片足の切断でも、私と古畑さんとでは大きな違いがありました。

私の場合は、片足を根元から切断した「大腿切断」なので、ひざ下から切断の「下腿切断」の古畑さんよりも、私の方が重い障害になります。

一般的にも、義足を装着して走る場合は、断端が、短ければ短いほど不利といわれています。

断端とは、切断して残った足の部分のことをいいます。

断端が長い方が体重を支えたり、義足をコントロールするのに有利なため、「切断時にはできるだけ長く残すべき」といわれています。

私の断端は5㎝と短く、当時は、義足で走るのは不可能とされていました。

「容易にできることではないけれど、古畑さんより少しだけ頑張れば、挑戦できるかもしれない」

トライアスロンに関しては、初心者のくせに、図々しくも私はそう考えたのです。

障害の違いこそありましたが、健常者の大会に堂々と参加していた古畑さんの存在は、私にとって「自分にもできるかもしれない」というひとつの希望でした。もしも当時、古畑さんという前例がなければ、トライアスロンをしようとは思わなかったでしょう。

トライアスロンに挑戦する上で、まず、私が最初に行ったのは、インターネットでトライアスロンについて詳細を調べることでした。

日本で開催されている大会、競技規則や団体等、思いつくまま検索しました。

その後、国内のトライアスロンを管轄する、日本トライアスロン連合（ＪＴＵ）という団体に、自分の障害の程度で参加した前例の有無と、参加を許可してくれるかどうかをメールで問い合わせてみました。

ＪＴＵからの回答には、こう書かれていました。


「日本国内では、あなたのような障害で参加された前例はありません」

「参加できるかどうかは、大会を主催する地域の団体にお問い合わせください」


まずは、断られなくて安堵しました。

問い合わせた時点で、参加を断られたら、この挑戦はそこで終わってしまうからです。

片足でランニングに挑戦

私は、トライアスロンの3種目のうち、水泳と自転車は経験がありましたが、ランニングだけは未経験でした。

8歳で左足を切断するまでは、誰にも負けたことがないほどの俊足でしたが、それは両足があった子供の頃の話です。

片足になってから28年間、まったく走ったことがありません。

ランニングを片足でどう走るかが、一番の課題だと考えました。

2000年（平成12年）6月より、私はウエイトトレーニングと、水泳の練習を開始しました。

運動は定期的に行っていましたが、私にとって未経験の競技に挑むためには、まずは基礎体力の底上げが必要でした。

トレーニングと並行して、トライアスロンと義足についての情報を集めたところ、私のように大腿切断のトライアスリートは、見つかりませんでした。

ただ、古畑さんと同じ下腿切断では、数人の競技者がいました。とはいうものの、片足でトライアスロンをしている人は、当時の日本ではまだ数えるほどしかいなかったようです。

「面白そうなスポーツなのに、みんな興味ないのかな」

と疑問に思いましたが、この答えは、後で身にしみて体験することになります。

義足で走ったことの無かった私には、未知の領域でした。

なぜ、大腿義足のトライアスリートがいないのか

2000年8月中旬、日常生活用の義足を作る時にお世話になっている、義肢装具士の近藤敏彦さんと伊藤博人さんの元を訪ねました。

そこで、私はトライアスロンに挑戦する旨を伝え、競技用義足の製作をお願いしました。

断端が短い切断者が、長距離を走るための義足。おそらくこれまで依頼を受けたことが無いであろう無茶な注文を、お二人は、快く引き受けてくれました。

その日から、私たちの試行錯誤が始まりました。

義足の素材や使用するパーツはどのようなものを選ぶかなど、この時は皆、子供みたいにわくわくしていました。

たとえ、世界最高の部品を集めて義足を作ったとしても、長距離を走れる保証はどこにも無いのです。

9月、仮合わせ用の義足が完成しました。

早速、作業場の隣のグラウンドで実際に走ってみることになりました。

これから何度か走ってみて、部品の変更や微調整などをくり返しながら完成に近づけるのです。

通常の大腿義足には、人工の〝ひざ関節〟機能がついていて、ひざを曲げることができます。スムーズに歩くための機能ですが、私のように断端が短い場合は、うまく制御できずにひざが折れて転倒するケースが多い。

今回の義足は、トライアスロン専用のものにつき、ひざの関節機能を軽量化とひざ折れを防止するために思いきって外しました。

ひざ関節が無い大腿義足なんて、常識的には考えられません。しかし、これから前人未到の競技に挑戦するのです。誰も思いつかない非常識の中にこそ、答えがあると自分を奮い立たせました。

いよいよ完成した試作品の義足を履いて、試走の時がやって来ました。ところが、走る直前になって、期待感が急に緊張感に変わってきました。なにせ8歳の時に切断してから、30年近くも走ったことが無いのです。

走るってどうするのだっけ？

と、少し戸惑いましたが、考える間もなく、近藤さんがストップウオッチを構えます。

「スタート!!」

声の合図と同時に走り出しました。

1周約500m！

完走目指して走ります。

ゆっくりと確かめるように。

走り方は、健足が2歩・義足が1歩の〝スキップ〟に似た感じの走り方です。

その後、普通に交互に足をつく走り方も試してみましたが、リズムを保つのが難しい上、体力の消耗が激しい。陸上の短距離種目ならいざ知らず、トライアスロンは最低でも5㎞以上の距離を走らなくてはなりません。そのため、体力を温存する走り方が重要となるのです。

途中でペースや歩幅を変えてみたり、いろいろな走り方を試してみる。

いい感じだ。自分が想像していたより楽に走れ、頬に風が伝わるのを感じる。

500mのコースを、3分42秒のタイムでゴール。

他人からは、めちゃくちゃなフォームで走っているように見えるかもしれない。

しかし、本人は最高に気持ちがいい。

「こんなの、練習したら5㎞は楽勝だな」

と、この日は思った。

が、現実はそんなに甘いものではなかった。


翌日、身体（からだ）に異変が起こったのです。

背筋に激痛があり、断端にも傷ができていました。

「なるほど……こうなるのか」

なぜ、大腿義足のトライアスリートがいままでいなかったのか。

短距離選手はいるが、長距離選手がいない理由が、その時初めて分かりました。

断端や身体に、想像以上に負担がかかるのです。

でも、それぐらいのことは、トライアスロンをやると決めた時から覚悟の上です。

「それだったら、5㎞走ってもビクともしない強い身体を作ればいいだけのこと」

シンプルにそう考えました。

ゴールを決めて目標を達成する

走るための義足は、何とか目途がつきました。

あとは、スイムで使うウエットスーツや、バイクと呼ばれるトライアスロン用の自転車の準備が必要です。

トライアスロンのレースの距離は、大会によって様々で、大きく分けると、スプリント・ショート・ミドル・ロングの4つのカテゴリーに分類されます。

年間で100を超えるほどの大会が、日本各地で開催されています。


トライアスロンで目標を達成する上で必要なことは、どの大会に出場するか、まずはそのゴールを決めることです。

出場する大会の開催時期によって、現在からゴールまでのタイムスケジュールが明確になります。


初めての参加なので、スイム750m・バイク20km・ランニング5kmという一番短い距離の、スプリントの大会を勧められました。

最初の目標とする大会は、2001年（平成13年）7月、静岡県沼津市で開催される「沼津千本浜トライアスロン大会」。

まだ、8ヶ月あります。

それまでに、5kmの距離を義足で走れるようになれれば、この目標はクリアできるはずです。

ジムでは、義足で5㎞を走り切るために、体幹を中心としたトレーニングにメニューを変更しました。

トライアスロン用の道具は、トライアスロンの専門店で揃えます。トライアスロンの専門店は、日本では少なく、偶然、地元の大阪に「アスリートカンパニー」という専門店があったのはありがたいことでした。

トライアスロン競技に使用する道具とウェアは、種目ごとに買い揃える必要があります。一度揃えれば何年も使えますが、初期投資が結構かかるスポーツです。何しろトライアスロンは、水泳・自転車ロードレース・長距離走の3種目を、この順番で連続して行う耐久競技であり、バイクに加えてウェアも3種類必要なのです。

店主の川口勝範さんに、いろいろ相談に乗ってもらい、片足仕様のバイクや、ウエットスーツを揃えました。

トライアスロンに詳しい川口さんにとっても、私のような大腿切断の障害でトライアスロンをしている人は、国内ではいままで見たことも聞いたこともなかったといいます。

ただ、海外の大会では見たことがあり、過去に義肢装具士への相談はあったそうです。しかし、実際に義足を作製するには至らなかったみたいで、それがなぜなのかは分からないとのことでした。

最初にイモを洗うサルになってやろう

大腿義足のトライアスロン。
やはり、興味を持っている人はいる。
どんなことでも、最初にやる人は大変だ。
一人で、乗り越えなくてはならない困難もある。
奇異の目で見られたりもする。
しかし、誰かが最初に挑戦すれば、どんどん後からやる人が出てくる。
そのことは、人類の歴史を見れば分かる。
最初にやる人間はいつも、未知の領域に挑むフロントランナーなのだ。

「サルのイモ洗い」という面白い話を聞いたことがある。

ある所に、サルの群れが住んでいた。

その中の1匹のサルが、海水でイモを洗ってから食べると、塩味がついて美味しくなることを知ったという。

それからそのサルは、イモを洗ってから食べるようになった。

すると、それを見ていた群れのサルも、そのことを知らない他の群れのサルたちも、同じようにイモを海水で洗ってから食べるようになったそうだ。

誰かがあることを始めると、それを知っている者も、知らない者も、皆がそれを真似てやりだす。

これを「百匹目の猿現象」という。

生物学の現象と称して、ライアル・ワトソンが創作した話だそうだ。

ライアル・ワトソンは、南アフリカ共和国生まれのイギリスの植物学者・動物

学者・生物学者・人類学者・動物行動学者だ。

ニューサイエンスに類する書籍を多く上梓し、中でも生命の持つ不思議な能力について、時間と空間にまつわる考察を行った『スーパーネイチュア』は世界的なベストセラーになった。

「それなら大腿義足のトライアスリートとして、私が最初にイモを洗うサルになってやろう」

そう決意した。

足が痙攣、波乱のデビュー

2001年7月1日、沼津千本浜トライアスロン大会の日を迎えました。

すでに私は義足で5㎞を走れるようになっており、コンディションも万全です。大会前日の気象予報でも、波は穏やかで快晴、自分の中でも前人未到のトライアスロン完走への期待が高まります。

しかし、ここで神様のイタズラが起こりました。

スイムの会場である千本浜海水浴場に白波が立っているのです。

トライアスロンの大会では、安全管理上、海が荒れている時は、最初のスイムをランに変更するケースがあります。今回も、ラン5㎞→バイク20㎞→ラン5㎞の「デュアスロン」という種目に変更になってしまいました。

デュアスロンとは、トライアスロンのスイムを第一ランに代えて、所要時間、順位を決める複合競技の一種です。

やっと義足で5㎞を走れるようになったばかりなのに、ランの合計10㎞は未知の領域です。

この大会では、ラン→バイクが終わった時点で足が痙攣(けいれん)してしまい、結果は途中棄権となりました。


デビュー戦は完走できませんでしたが、それでも自然が相手のトライアスロンの厳しさも経験できたし、自分としては記念すべき歴史の第一歩を踏み出せたという思いでした。

事実、これで〝日本初〟という前例を作ることはできた。

イモを洗う、という目的は、達成することができたのです。


以後、2001年から2012年(平成24年)の約11年の間に、私は伊良湖大会、佐渡国際大会、大雪山忠別湖大会、石垣島大会と、全国各地のトライアスロン大会に出場しました。

私が、出場する大会を選ぶ基準は、ふたつあります。
ひとつ目は、海が綺麗なこと。
泳ぐなら、綺麗な海の方が、気持ちが良いからです。

ふたつ目は、参加者が多いメジャー大会であること。
メジャー大会は、参加者や応援、観客の人数が数千人にもなる。片足のトライアスリートの存在を広くＰＲするには、絶好の機会だからです。

自力で歴史の扉を開いた

２０１２年、私は佐渡国際大会を最後に、トライアスロンを引退しました。
10年以上にも及び、私はイモを洗い続けてきたわけです。

ただ、その間にどんどんイモを洗いはじめる人が出てきました。私の姿を見てトライアスロンを始めた人もいれば、私を知らない人も挑戦を始めたのです。

不思議な現象ですが、これが「百匹目の猿現象」というものかと、妙に納得してしまいました。

国内では、障害者の参加者も増え、「パラトライアスロン」というジャンルも生まれ、後の２０１６年（平成28年）のリオデジャネイロパラリンピックにも、トライアスロンが正式競技として新設されました。

大腿切断のトライアスリートという、歴史の扉を開いた誇りと、歴史が動きはじめたことに、喜ばしい気持ちはあるものの、ある時から私は自分の挑戦の終焉（しゅうえん）も感じていました。

体調不良が続いていたのです。

身体が重りをつけたように重く、疲れやすくなり、気が付くと、激しい運動ができなくなっていました。

片足でトライアスロンに挑み続けることに、肉体的な限界がきていたのです。

病院での検査の結果は、深刻なものでした。

第４章

そばで
見守ってくれる人

動き出した身体の時限爆弾

左足を切断する原因となった骨肉腫は、再発もなく、すでに完治といわれていましたが、当時の治療での輸血により、私はC型肝炎に罹患(りかん)していたのです。

C型肝炎とは、C型肝炎ウイルス（HCV）の感染によって引き起こされる肝臓の病気で、かかっても症状はほとんどありません。慢性肝炎の原因の約70%を占め、日本におけるC型肝炎ウイルスの感染者は約150万〜200万人といわれています。

私が輸血を受けた当時は、C型肝炎ウイルス自体が、まだ発見されておらず、1989年（平成元年）にウイルスが発見されるまで、輸血の血液はノーチェック状態でした。

私も、3度にわたる手術で大量の輸血を受けていたため、その際、ウイルスに感染していたのです。

輸血でC型肝炎ウイルスに感染してから、約40年の月日が流れていました。私が気が付かないうちに、肝炎ウイルスは、時限爆弾のように少しずつ肝臓にダメージを与えていたのです。

実はそれが、トライアスロンを続けられなくなった体調不良の原因でした。慢性肝炎では肝臓の炎症が続くことで、気付かない間にゆっくりと肝臓の線維化が進み、感染してから約30年で肝硬変に、約40年で肝がんに進行するといわれています。

その時、私の肝臓には〝肝硬変〟の症状が現れていました。

トライアスロンの引退を決めた２０１２年の頃、ドクターストップがかかりました。

すでに、私の身体はトライアスロンに出場できる状態ではなかったのです。

「これが最後！」

と自分に言い聞かせて、大会に出場しました。

結果は、やはり最後まで走り切ることはできずに、途中棄権でした。

が、結果はどうあれ、最後まで諦めずにゴールを目指せたことに、自分では納得していました。

片足の選手の競技人口も増えてきました。

もう、片足のトライアスロンも前人未到ではないのです。

以前から、私は、人を感動させるパフォーマンスができなくなったら、その時点で引退すると決めていました。

それで、この辺りが潮時かと思ったのです。

みずからトライアスロンをやめることに、悔いも、思い残すこともありません。

こうして、大腿切断のトライアスリートとして、10年以上にも及ぶ前人未到の挑戦は、終わりを告げました。

その後、勤めている会社を休職して、治療に専念する日々が始まりました。

ウイルスとの長く苦しい闘い

C型肝炎の治療法は、年々進歩しています。

現在では飲み薬だけの治療法があるそうですが、私が治療を受けた2012年頃はまだ、注射と飲み薬の併用が一般的でした。

最初の頃は、ウイルスの増殖を抑えるインターフェロンの注射を打ちながら、週に2回通院しての治療です。


当時、私は大阪から東京に転勤となり、千葉県にある社宅で一人暮らしをしていました。病院も、住んでいる場所から一駅の所に、肝臓病の治療で有名な国立病院があり、そちらで治療を続けていました。


インターフェロン治療の副作用には、個人差がありますが、インフルエンザのような発熱・倦怠感・頭痛が多く現れ、うつや糖尿病になるケースもあるといわれています。

私の場合は、ほぼすべての副作用の症状が現れました。

本当に、苦しい治療でした。

通院治療を続けて数ヶ月が経ったある日、病院の検査で、血糖値の数値が３００を超えていると知らされました。

「すぐに入院が必要です」

先生から言われました。

「分かりました。帰って準備して、明日からで良いですか？」

私が尋ねると、

「何を言っているのですか！　明日の朝にはあなた、冷たくなっているかもしれませんよ！」

怒られてしまいました。

「すぐに入院してください」と。

副作用で糖尿病を発症していて、「かなり危ない状態だ」との説明がありました。

本人は、発熱や倦怠感などの副作用がひどくて、糖尿病の症状も自覚もなかったのです。

そもそも、糖尿病は、運動不足で太った人の病気なのかなとしか思っていなかったので、まさか自分が罹患するとは想像すらしていませんでした。

そのまま緊急入院となり、しばらくは生死の境をさまよっていました。

病は気から治す

〝病気〟という字は、〝気が病む〟と書きます。

「病は気から」と、ことわざにもあるように、病気を治すのに大事なことは、適切な医療とともに、気持ちをしっかり持つということに尽きます。

どんな病気であれ、患者本人に、「必ず元気になるぞ」というポジティブな気持ちがないと、治るものも治りません。


このことは科学的にも実証されています。

人間の免疫は、細菌やウイルスなどの外敵から身体を守るための大切な機能です。

体内に細菌やウイルスなどの外敵が侵入した際、攻撃して排除してくれます。精神的に安定していれば、免疫力が高い状態でいられます。高い免疫力は、細菌やウイルスの増殖を抑えてくれるのです。


しかし、ネガティブな思考が続いたり、精神的ストレスが加わったりした時、脳内に小さな炎症が起きます。

そうなってしまうと免疫機能が低下して、外敵を攻撃し排除するのが難しくなり、病気にかかりやすい状態になってしまうのです。

つまり、「病は気から」は単なる迷信の類ではなく、科学的にも正しい。

逆にいえば、気分が落ち込まないように、ポジティブでいられれば病気になりにくい、ということになります。

そう考えると、その時の私の気力の状態は最悪で、かなり深刻な状態でした。

筋肉は落ちてやせ細り、もはやアスリートの身体とはいえません。

血糖値を下げるために、食前には必ずインスリン注射を打ちながらの治療が何ケ月も続きました。

関東地方には、友人もたくさんいましたが、私は入院したことを、誰にも打ち明けていませんでした。

自分の弱りきった情けない姿を、誰にも見せたくなかったのです。

当時、私は、副作用のつらさで、精神的に参っていました。

トライアスロンという目標が無くなった喪失感で、自暴自棄になっていたのです。

ポジティブ・シンキングでいなければいけないと、頭では分かっていても、どんどんネガティブな考えになっていきました。

「こんなに苦しい治療なら、もうやりたくない」

「人生において、やるべきことはやったし、このまま死んでもいいかな……」

その頃、私は、生きる気力を失っていました。

小さな光がさす、明るい場所へ

生きる希望を失い、漆黒の闇のような絶望の中をさまよっていた時、ふと私を照らす一筋の小さな光の存在があることに、気付きました。

それは、現在の妻である「伊佐子」でした。

彼女は以前の職場の同僚で、私が退職する時に、仕事の引き継ぎ等で接する時間が多くなり、親しくなりました。明るく活発な性格で、とても賢くしっかりした女性です。

私の持っていない部分を、たくさん持っていたところに惹かれました。

彼女とは、6年前、大阪に住んでいる頃から交際していましたが、当時の私は、結婚まで考えてはいませんでした。自分には勿体ないぐらいに、素敵な女性だと思っていたからです。

私が東京に転勤になって、遠距離になれば、会う機会も少なくなってしまうため、自然消滅するのも仕方がないことだと思っていました。

それでも、彼女は自宅のある京都から、私が入院している千葉の病院まで、毎月のように会いに来てくれました。

片足でのトライアスロンで、前人未到を達成した栄光はすでに過去のものになっていました。

病気に蝕まれ、精神的にも疲弊し、いつ死ぬかも分からない病人である私の元に、足繁く通ってくれる彼女と過ごす時間は、唯一、心の安らぎといえるものでした。


彼女は、闘病生活に疲れ切っていた私に、いつも笑って接してくれました。

その光は、穏やかで温かく、私の身体を包み込み、その光によって私は癒(いや)され、少しずつ生きる気力を取り戻していったように思います。

彼女はお見舞いに来るたび、病院の近くの公園に私を連れ出してくれました。

そこで、一緒に花を見たりして散歩を楽しみました。

彼女とのそんなひと時が、当時の私にはかけがえのない貴重な時間でした。


「まだ死にたくない」

「彼女と一緒に生きたい」

そんな気持ちが私の中で生まれ、しだいに大きくなっていったのです。

生きたい、という気持ちが蘇った時点で、病は快方に向かっていったように思います。

私は、その小さな光が指す方向へと歩いていきました。

明るい場所へ向かって。

そして、1年近くに及んだインターフェロン注射と投薬治療の結果、私の身体の中のウイルスは消滅しました。

もう、死という時限爆弾が、カウントを始めることはないのです。

伊佐子がいなければ、生きる気持ちが無かった私は、病気に打ち勝つことはできなかったでしょう。

3年後の2015年(平成27年)、私は大阪に戻ると、彼女と結婚しました。

私にとって彼女は、命の恩人であり、いまでは人生を共に歩む大切な存在となっています。

生かされている使命

C型肝炎が完治し、体力が戻ってきた私は、自分のこれからのことを考えました。

幼少期の骨肉腫から始まり、C型肝炎と、2度も死線をさまよいながら、自分はまだ生きている。

自分にはまだやるべき使命がある、仕事が残っているという意味だと思いました。

当時、私は50歳で、すでに体力のピークは過ぎていましたが、不思議と身体に力は入るし、以前より身体が軽い気さえします。

C型肝炎が治癒したことで、万全ではなかった身体が、本来の運動能力を取り戻したのに違いないと思いました。

そうは言っても、何をすべきかは分かりません。

その時思ったのは、まず自分がやりたいこと、興味があることをやってみよう、ということでした。

そうすれば、おのずと進むべき道は見えてくるはずだと。

その時はもはや、私の中に、トライアスロンという選択肢はありませんでした。

私のやるべきことが前人未到への挑戦なら、その道はもう前人未到ではない。

私の中でトライアスロンは、すでに終わっていました。

心肺機能を高める

「山にでも登ってみるか」

ふと、私の頭に浮かんだのが「山」でした。

実は、私は、山には登った経験があったのです。

２００７年（平成19年）頃、トライアスロンをしていた時期に、関東の友人から登山に誘われ、何度か富士山に登ったことがありました。

それまでの私は、登山や山には、まったく興味はありませんでした。

「何でわざわざ重い荷物を担いで、山に登らないといけないのか」

「登る意味が分からない」と思っていました。

南岳を登る。遠くに見えるは北穂高岳

そんな時、登山をしている一人の友人が、私にこう言いました。

「登山は、心肺機能が鍛えられるから、トライアスロンのトレーニングに向いているよ」。この言葉に私の心は、動いてしまったのです。


マラソンでは、高地トレーニングというものがあります。

「登山は、標高が高くて酸素が薄い所で運動するわけだから、たしかに登山もトレーニングにはなるな」と思った私は、結婚前に妻と一緒に何度か富士山に登りました。

当時は、登山はあくまで心肺機能を高めるためであり、トライアスロンのトレーニングが目的でした。

クラッチという杖

山に登る時は、義足を外して〝ロフストランド・クラッチ〟という杖を使って登ります。

ロフストランド・クラッチとは、通称「クラッチ」と呼ばれる金属製の杖です。

木製の松葉杖よりも軽量で強度がある半面、腕で体重を支えるため、扱うには腕の筋力が必要です。

東京に転勤となった私は、毎日、社宅のある千葉から、東京の渋谷まで満員電車で1時間半ほど通いました。そのうえ、人通りの多い渋谷の街を会社まで2km も歩かなければなりません。

そのため、それまでの義足からクラッチを使った日常生活に、ライフスタイルを変えました。

私にとっては、義足よりも、幼少期から使い慣れた杖の方が、楽に歩けます。

そんな理由で、運動する時も、日常でも、常にクラッチを使う生活になっていました。

退院してから、私は、体力を戻すリハビリも兼ねて、一人で富士山に登りました。

病み上がりの身体に、数年ぶりの片足での登山は、過酷ともいえるものでした。

それでも、登頂した時には、言葉に表せないくらいの達成感がありました。

そして、山頂には、初めて山に登った時と同じように、美しい景色が広がっていました。

登った者にしか、見ることのできない雄大な景色です。

「これからは、トライアスロンのためではなく、この景色を見るために山に登ろう」

こうして、私は本格的に山に登りはじめたのです。

富士山からの眺めは絶景で、何度登っても飽くことのない素晴らしいものでした。

富士山に10回ほど登ったぐらいの頃でしょうか。

他の山の頂（いただき）から見る眺望は、いったいどんな景色なのだろうか？

他の山へも登りたいという気持ちが私の中に沸々と湧いてきました。

百名山との出会い

火山の国といわれる日本には、全国各地にたくさんの山があります。

日本では、昔から山岳信仰に基づいた登山が行われていました。

文筆家で登山家だった深田久弥が1964年（昭和39年）7月に書いた、山岳随筆集『日本百名山』は有名で、いまも読み継がれています。

『日本百名山』は、深田が、実際に登頂した日本各地の山から独自の基準で100山を選んだもので、いまでは登山愛好者のバイブルになっています。

また、２００９年（平成21年）から２０１２年（平成24年）頃にかけては、女性が山に登るのがひとつのブームになり、「山ガール」という言葉が流行語になるほどでした。

私自身、山に興味を持ちはじめていたこともあって、百名山にはどんな山があるのかと、いろいろと調べてみました。

百名山の中には、富士山以外にも、「劔岳（つるぎだけ）」や「槍ヶ岳（やりがたけ）」など、山に詳しくなかった当時の私でも、聞いたことがある山の名前がたくさんありました。

ＳＮＳにも、百名山に登頂した人の山行記や映像が溢（あふ）れていて、登山ルートや難易度まで載っています。

そして、調べていくうちに、ある事実が判明しました。

大喰岳（おおばみだけ）から槍ヶ岳を望む

片足で、日本百名山すべてを登頂した者は、いまだかつて誰もいない。

百名山どころか、一山であっても、片足で登山する人は見当たらない？

片足で登山するなど、まさに、前人未到の出来事だったのです。

片足で、日本百名山をすべて登ること！

誰に言われたわけでもなく、後押しされたわけでもありませんでしたが、これこそ私が次にやるべきことと、いつしか使命感さえ感じるようになっていました。

ちなみに、日本百名山とは「品格・歴史・個性」を兼ね備え、かつ原則として標高１５００ｍ以上の山という基準を深田が設け、選んだ山々のことです。

それらはいずれも高山で、両足ならともかく、片足で登頂するには危険すぎる。片足で登るなんて、命がいくつあっても足りないよ、と百名山登頂を目標に掲げてはみたものの、正直、躊躇(ちゅうちょ)する自分がいたのも事実です。

それがいくら自分のやるべき前人未到への挑戦であるとはいえ、あまりにも無謀すぎるのではないかと。

トライアスロンも含め「スポーツ」には、ルールがあり、主催者が安全管理をしてくれます。しかし、登山はスポーツではない。

誰も安全管理はしてくれません。

安全管理は、自分一人で行い、その責任を負う。

何しろ、相手は自然という無慈悲で容赦ない、過酷なフィールドなのです。

登山は、地上で考えるほど甘いものではない。

ましてや映像で見るだけでも、百名山の山々には鎖や梯子(はしご)が普通にあり、転落したら最後、助からないようなルートも多数、存在する。

はたして片足の人間が、一時の思いつきだけで、足を踏み入れていい世界なのだろうか。

必ず、生きて帰る——妻との約束

百名山、登るか、やめるか。

しかし、やる前に、いくら頭で考えても答えは出ない。

挑戦とは、理屈ではない。


不可能であるかもしれないが、まずはやってみることを優先し、その道を私は選びました。


妻も、登山にはほとんど興味がないのに、一緒に登りたいと言ってくれました。

百名山の中には、初心者でも登れる山もありますが、多くの山には滑落などの危険がともないます。

私のやりたい一心で、妻までをも危険な目に遭わせていいものだろうか。

危険な山には、妻は同行させず、私の帰りを待つことにしてもらいました。


山に登る上で、私と妻との間には交わしている約束があります。

「危ないと思ったら即、中止して撤退すること」

「必ず、生きて帰ること」


このふたつの約束を守ることを、妻に誓いました。

誰に頼まれたわけでもない、誰が後押ししてくれるでもない。ましてや、誰が賞賛してくれるわけでもない。

たった一人、片足で挑む登山。

妻に見守られ、百名山への挑戦が始まりました。

第5章

なぜ片足で山に登るのか

片足での百名山登頂

２０１３年（平成25年）から「片足での日本百名山登頂」という、前人未到の新たなる挑戦が始まりました。

まずは、百名山の中で、登る山の順番を決めることにしました。

いきなり片足で、難易度の高い山に登るのは、リスクも大きく不可能です。

まず、百名山の中で、比較的登りやすい山から順に登ろうと計画を立てました。

男体山（なんたいさん）、日光白根山（にっこうしらねさん）、赤城山（あかぎやま）など、関東上信越にある登りやすい百名山から、一座一座、確実に登ることにしました。

ちなみに、日本では、山を数える際に「座」という単位を使用します。これは、古来、登山が信仰に基づいたもので、山頂は神様が座る場所と考えられているからです。日本の山には八百万（やおよろず）の神々がいると信じられています。

百名山登頂への挑戦では、雪が積もる道は、クラッチが滑りやすくなるので、冬期の雪山には登りません。私にとっての登山のシーズンは、雪の無い5月から10月までの半年間です。

足が2本ある健常者の登山では、負担がかかるのは主に下半身です。片足で登る私の場合、下半身は足が1本しかないので負担はかかりますが、それよりもクラッチで身体を支える腕や肩など、上半身の方の負担が大きいです。最初の頃は1座登っただけで、手の平がマメだらけの状態になりました。両腕に全体重と、背負う荷物の荷重をすべてかけて、一歩一歩登頂するからです。

人間の身体は、足の筋肉が大きくて、体重を支えられるようになっています。

一般的に足の筋肉は、腕の3倍から4倍のパワーが出るといわれています。そのため、体重の負荷がかかっても、歩いたり走ったりできます。しかし、腕には大きな筋肉はありません。人間の身体の構造は、腕で体重を支えるようにはできていないのです。私の場合は、片足での登山になるので、ハンディ（不利な条件）を両腕でカバーしなくてはなりません。

私は日常的にクラッチで歩き、ジムでの鍛錬で腕と体幹を鍛えています。そんな私でさえ、クラッチで山に登ると手の平は血マメや水ぶくれで、見るも無残な状態になります。

手の平にマメができると、体重をかけるたびに激痛が走り、マメが治るまでは、手を休ませる期間が必要になります。

そのため、ひとつの山に登ると、しばらくは次の山には登れません。

当初は、1シーズンに、2~3座くらいのペースでしか登れませんでしたが、人の身体には驚くほどの適応能力が備わっていて、強い刺激を与え続けると、いつの間にかそれに順応してくれるのです。

登頂を重ねるたびに、徐々に手の平の皮も分厚くなり、硬くなってきました。

数年経った頃には、手のマメを気にせずいくつもの山を縦走したり、連続して山に登れるようになっていました。

縦走とは登山の方法のひとつで、山頂に立った後、下山せずそのまま次の山へ向かうことを指します。ルートによっては、山頂を重視せず稜線を歩いていくことも縦走と呼びます。

自分一人の力で登る

百名山に挑戦する上で、こだわっていることが、私にはあります。

それは、自分の荷物は自分で持ち、一般登山者と同じ条件で登ることです。


テレビなどで、障害者を、大勢のスタッフがサポートして山の頂上まで連れて行き、感動を誘う、という番組があります。

あれは、私の思う挑戦ではありません。

たしかに、チームで助け合いながら登るのもひとつの方法だとは思いますが、それは私の思う挑戦とは違う種類のものです。


「日本を代表する百の山の頂に、一人で片足でいくつ登ることができるか」

これが私の掲げる挑戦です。

当然、他者のサポートも受けず、己の力のみで登ることを前提にしています。

覚悟の上での、片足での登山です。

それに向かって、登頂するために鍛錬し、ハンディを乗り越え、健常者と同じ条件で達成することに、大きな意味があるのです。

それが私の挑戦であり、成し遂げた時、至福の達成感を得ることができる。

ただただその達成感を全身で味わうためにこそ、私の登山はあるのです。

登山では、登山ガイドという人たちがいて、ガイドと一緒に登る場合もあります。

登山ガイドは、安全に登山できるようルートを先導してくれて、いろいろサポートしてくれる。けがをした場合は、荷物を持ってくれたりもします。

私は、安全上やむを得ない場合は例外として、ガイドは依頼しません。できる限り、自分一人の力で登ることにこだわっています。いままでガイドについてもらって登った山は2座だけです。

もののけ姫の森

屋久島にある百名山の宮之浦岳（みやのうらだけ）に登った時は、ルート上にたくさんの観光名所があり、屋久杉の詳しい説明が聞きたいという理由から、現地の方にガイドを依頼しました。

屋久島には、有名な縄文杉や大王杉といった樹齢千年を超える屋久杉の古木があります。苔に覆われた神秘的な原生林は、映画「もののけ姫」に出てくる森のモデルになったといわれています。

山に興味のない妻でさえ、登りたいと言っていた山です。

ガイドをしていただいたのは、屋久島エコツアー「フォレック」代表の古賀顕司さんという方でした。


古賀さんにガイドを依頼する際に、片足であることを告げると断られるかもしれない、と思いましたが、それは杞憂に過ぎず、二つ返事でOKをもらいました。話を聞けば、古賀さんも、テレビ番組で片足の人をサポートして山に登った経験があるそうです。ガイドされた障害者も、私の知っている人でした。

私も、その人が屋久島で登山をする番組に出演することは知っていました。番組の趣旨はどうあれ、その人が、それをきっかけに山登りを始めてくれたらいいと思っていました。

山は寛容で、人に様々なことを教えてくれます。

屋久島は、花崗岩(かこうがん)でできており、堅い岩山のために木が成長するための養分が少なく、そのため、根が横に伸びていき、ゆっくりと時間をかけて育ちます。

屋久島にある最も古いとされている縄文杉は、樹齢7000年ともいわれています。

長い時間をかけて太く大きく育った木は、本州で見る木とはまったく違う物に見えます。

特に、山の稜線に出た時に、人工物がまったく見えない景色は圧巻でした。

本州では、どんなに山深く入っても、鉄塔や電線などが目に入り、それらの人工物が見えない場所などほとんどないからです。

妻と一緒に、古賀さんにガイドしてもらった宮之浦岳は、私たち夫婦にとって思い出深い山になりました。

屋久島は、歴史ある観光スポットも多いので、ガイドの人に説明してもらいながら登った方が楽しめるように思います。

国内最難関のルートに挑む

2度目の槍ヶ岳への挑戦の時は、大キレットという危険なルートを通って行きたいと妻に伝えたところ、「ガイドと一緒なら」という条件がついてしまいました。

キレットというのは、日本語の「切戸」からきている登山用語です。山の尾根のくぼんだ部分（鞍部(あんぶ)）の深く切れ込んだ場所のことで、両側が切れ落ちているため事故が多く、毎年多数のけが人だけでなく、死亡者も数名出ています。

登山ルートとしては、難度の高いルートです。

国内には三大キレットと呼ばれる三つのキレットがあり、中でも槍ヶ岳の大キレットは最難関といわれています。

私は、国内最難関のひとつといわれるこのルートを、自分の力のみで行きたかったのですが、心配する妻の反対を押し切ってまで、一人で行くわけにはいかず、やむなく、ガイドに同行を依頼することにしました。


そこで、ガイドに依頼しようと問い合わせてみましたが、「大キレットは難易度の高いルートのため、登山ガイドではなく、山岳ガイドの資格が必要」との理由で、何人かのガイドには断られました。

このような危険なルートを、ましてや「片足の登山者」をガイドするなんて前例はないでしょうから、もっともらしい理由をつけて断ってきたのかもしれません。

逆に私がガイドだとしたら、事故が起こった時のリスクを考えると、片足の人のガイドは引き受けないと思います。

「これは、誰も引き受けてくれないかも」

と不安に思っていた矢先、問い合わせていた「北アルプス山岳ガイド協会」から連絡がありました。ガイドをしてくれる人が見つかったとのこと。

手を挙げてくれたガイドは大場淳治さんという方で、山岳ガイド資格のステージⅡをお持ちのエキスパートです。ヒマラヤ登山の経験があり、プライベートでバリエーションルートのガイドを専門とされている方で、私と同じ年齢でした。

登山でいうバリエーションルートとは、ガイドブックや登山図に出ている一般ルートではなく、自分の力で登山道をルートファインディング（道を見つけること）しながら進むルートのこと。

そこには一般ルートのように標識などは無く、整備もされていないのが普通で、行程がより困難であることが多い。踏み跡ができていなかったり、岩壁などもあったりするので、登山技術の高い、登山熟練者向きのコースのことです。

大場さんの方から「お引き受けする条件として、事前に桑村さんが山に登っているところを見たい」とのリクエストがあり、指定された長野県の山でお会いすることになりました。

正式にガイドを引き受けてくれるかは、事前に長野の山を一緒に登ってからの決定ということになりました。

とはいえ、私の中では、目標に向けて一歩前進です。

プロのガイドであっても、片足の登山者はいままでに見たこともないはずですから、実際の登山の技量を見たいとのリクエストは、当然のことだと思いました。

北アルプスを知り尽くした大場さんが、私の登山技術を見て、大キレットは無理だと判断するなら、今回の挑戦は諦めるつもりで長野まで出向きました。

北アルプスの双耳峰の鹿島槍ヶ岳

長野での1日目は、善光寺北側山麓にある「謙信物見の岩」でのザイル(登山用のロープ)を使ってのトレーニングです。

善光寺平を一望する眺望抜群の場所で、戦国時代に上杉謙信が川中島の戦いで出陣した際、この岩の上から武田勢の動きを物見(偵察)したといわれる巨岩です。格好のクライミングの練習場所となっていて、その日もクライマーがたくさん来ていました。

2日目は、大町市にある大姥山(おおうばやま)1006mのトレッキングです。

金太郎伝説が残る山で、低山ですが急登・ヤセ尾根・鎖場が連続する厳しい山です。

地図には、「金太郎の散歩道」とか表示されていますが、のんびり散歩するような道ではありません。なかなかの危険なコースでした。

ザイルをめぐる譲れない思い

大姥山の頂上に登ってから、大場さんと大キレットに向けての本音のミーティングをしました。

大キレットでは、滑落しても途中で止まるようにと、自分とガイドの身体をザイルで結ぶのですが、私はこの時、「ザイルは好かんから、一人で登らせてくれ」と言ったのを思い出します。

私としては、ザイルを一切使わず自由に登らせてもらいたいのですが、ガイドを依頼する以上は、ガイドの判断に従わなければなりません。依頼する私にも譲れないところがあり、依頼される大場さんにもガイドする上で譲れない部分があるわけです。

その場で、二人の考えのすり合わせを行い、お互いに納得できる着地点を決めました。

結果、槍ヶ岳への登頂はザイルなしで、そして、大キレットは大場さんの判断で、必要に応じてザイルを使うということで相互に納得し、ガイドを引き受けていただけることになりました。

大場さんの所属する北アルプス山岳ガイド協会でも、過去に全盲の登山者のガイド依頼はあったそうですが、片足の登山者は初めてとのこと。ガイドする側にもリスクがあるにもかかわらず、引き受けてくれたことは本当にありがたいと思います。

後で聞いた話ですが、ガイド協会で私のガイドを募集した時、手を挙げてくれたのは、大場さん一人だったそうです。

ソロで登る、妻と登る

私が、ガイドとザイルで結ぶということが好きではない理由は、見た目がリードをつけて散歩に連れて行かれる犬みたいで嫌なのもありますが、「運命を共にする」ということに一番の抵抗がありました。

私が滑落した時には、ガイドがザイルをつかんで支持(しじ)して助けるわけですが、60kg以上にもなる重量を、ロープ1本で支えることは困難であり、至難の業(わざ)です。

最悪、ガイドも道連れで滑落します。

私の登山で、自分だけならまだしも、他人を道連れにしたくはありません。

また逆の場合もしかり、熟練したガイドであっても人間ですからミスはあります。

ガイドが滑落したら？

私が支持して助けることは不可能です。ガイドの滑落の道連れで、私も命を落とすことになります。そんなリスクは負いたくないというのが、私の本音なのです。

しかし、依頼する以上、覚悟を決め、そこはガイドの言い分も受け入れ、ザイルを装着しました。

ただ、「ささやかな抵抗」として、この1本のザイルには、絶対にテンション（荷重）はかけるものか！　と決めました。ザイルなしでも登れることを証明したかったからです。

この大キレット挑戦は、私の中でいまでも一番苦しい山行として記憶に残っています。

しかし、苦しい分だけ、登頂した時の喜びや達成感は大きい。

大場さんがいなかったら、私は「大キレット」というルートは、いまだに踏破していないかもしれません。

私がガイドしてもらった山は、この宮之浦岳と槍ヶ岳の2座だけです。

基本的に私は、ソロ（一人）で登ります。

比較的登りやすい百名山に限り、妻と一緒に登りました。

妻は、一緒に登りたいからという理由で同行していますので、登山計画や、彼女の持ち物などを管理するのも、すべて私の仕事です。

私が、妻のガイドをしているようなものなので、ソロで登るよりも大変かもしれません。

それでも、苦労しながらも一緒に登ることで、二人で登頂の達成感を味わうことができます。それはとても楽しく、夫婦ならではの万感の思いがあります。

このようにして、私は、一座一座と山を登り、登山の技術と経験を積んできました。

百名山のうち、いままで登頂した山の数は、おおよそ70座に届くところまできました。

山は、ひとつひとつ景色が違い、同じ山でも季節や時間帯で、刻々と変化します。また、登るたびに違った風景を見せてくれます。

山での不思議な体験や、人との出会いにまつわるエピソードは、数えきれないほどあります。

次章では、その中のいくつかを紹介したいと思います。

第6章

山が教えてくれた人生

山の師匠、吉田公三さん

２０１７年当時、私はＳＮＳで知り合った山好きが集まるグループに入っていて、気の合うメンバーの人たちと一緒に山に登ったり、お酒を呑みに行ったりしていました。

あの山はどうだったとか、この登山靴はイマイチだったとか、自分の知らない情報を得て、共有できるのは、サークルやグループならではの喜びであり、利点です。

その中に、吉田公三さんという人がいました。

公三さんは私よりはるかに年上ですが、20代の頃から山に登っていて、登山歴50年以上のベテラン登山家です。

グループの中でも、最高齢のリーダー的存在の人でした。

槍ヶ岳・剱岳といった岩場の多い山に、私が挑戦することを知った公三さんは、岩場の練習にと、いろいろな場所に連れて行ってくれました。

そのひとつが兵庫県の宝塚駅の近くにある「蓬莱峡（ほうらいきょう）」という峡谷です。

大阪からわずか1時間ほどの場所に、こんな峡谷があったとはついぞ知りませんでした。

ここは昔から、槍ヶ岳や剱岳の登頂を目指す登山者がよくトレーニングに来る場所だそうです。

来たるべき私の挑戦にとって、蓬莱峡はトレーニングにはまさにうってつけの場所でした。

実際の槍ヶ岳や剱岳の岩場の動画は、YouTube等で何度も見ていますが、比較的ホールド（登山で、岩登りの際に手や足をかける所）や足場がしっかりとあります。

蓬萊峡の岩場はというと、そのホールドが小さくて滑りやすく難易度が高いのです。つまり、本番で滑らないように、この峡谷で特訓ができるというわけです。

岩登りの基本は「3点支持」という方法をとるのが一般的です。

人間には、手が2本、足が2本の、4肢があります。

その4肢のうち3肢で身体を支えることを3点支持といいます。

3肢で支持して、1肢を自由にしておいて、その1肢で次のホールドをつかんで移動することで岩場を安全に登るのです。

しかし、私には手が2本、足が1本の、3肢しかありません。

3肢で身体を支えてしまうと、次のホールドをつかんで移動する、自由にできる1肢が足りないのです。

それでは、一歩も進めないことになります。

では、どうしたらいいのか？
片足で3肢である私は、必然的に「2点支持」にならざるを得ません。
しかし、それは不安定で危険をともないます。

カメラの三脚を想像してみてください。
三脚は3点だからこそ安定しますが、二脚だとどうなりますか？
当然ながら倒れてしまいます。

私のように、片足で岩場を登るためには、両腕という2点を鍛錬により強化して安定させ、1本の足でジャンプして足場を変える以外に方法がありません。
2本足と片足とでは、基本技術は同じですが、登る方法がまったく違ってくるのです。

蓬萊峡での練習がいかに重要かを理解してもらえたと思います。

さあ、実際に本番を想定して、ザックとクラッチを背負ってのクライミングです。

公三さんと私の身体をザイルで結び、安全を確保してもらい、上り下りや横移動の動作をくり返し練習しました。

そのザイルを命綱として、本番さながらの、いや、本番よりむしろ難しい岩場で練習をすることで、本番は余裕をもって登ることができるのです。

動画を見たりしての事前のイメージトレーニングも大切ですが、現場で実際にやってみて初めて分かることもあるのです。

私にとっては、今回の蓬萊峡は2回目の外岩（自然の岩）練習になりますが、この蓬萊峡のトレーニングで片足での岩場の動作を体得することができました。

吉田公三さんという山の師匠がいたからこそ、これまでの百名山の難所もクリアできたのだと思います。

山の師匠、本当にありがとうございました。

クラッチが抜けない沼地獄

２０１８年（平成30年）５月、妻と一緒に祖母山（そぼさん）に登った時のことです。

九州の百名山である祖母山は、大分県と宮崎県にまたがる、標高１７５６ｍの山で宮崎県の最高峰です。

危険個所は少なく百名山の中では比較的登りやすい山とされていました。

しかし、それは通常の登山スタイルで登る場合であって、クラッチを駆使して登る片足のアルピニストにとっては、「苦行の山」のひとつとして深く記憶に刻まれています。

当時、私は、九重山、阿蘇山、韓国岳（からくにだけ）、開聞岳（かいもんだけ）の4座に登頂した後、九州で最後の百名山となる祖母山へ向かいました。

山に登る前には、必ずその山のコースデータを調べます。

コースデータとは、登山コースに関する難易度、体力度、参考日程、行程距離、登山口、標高差、GPSファイル、参考コースタイムなどのデータです。

つまり、どこから登って、どこの山小屋に泊まり、1日の行動時間はどのぐらいなのかといった、登山計画を立てる際に必要なデータのことです。

祖母山登頂は、北谷登山口からスタートし、行動時間は5〜6時間で危険個所もなく、日帰りでも充分登れるはずでした。

しかし、登りはじめてしばらくして、いつもと違う展開に驚きました。

クラッチを地面に突くと、ズボッとそのまま踏み抜いてしまい簡単には抜けません。

ぬかるんだ登山道なら10㎝ぐらい沈み込むことはありますが、この時は1m近くも踏み抜いたのです。

こんなことが3歩のうち1度ぐらい起きるのです。

この頻度では、堪ったものではありません。

踏み抜くたびに転びそうになる。

そのうえ、何よりクラッチを引き抜くには体力を消耗するのです。

泥沼の登山道

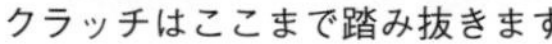

クラッチはここまで踏み抜きます

妻を見ると、何ごともないように普通に歩いています。

登山靴での登山ならこんな状況にはなりませんが、クラッチは接地面積が小さいために地中深くまで踏み抜いてしまうのです。私にとっては、まさに沼地獄の苦行といえるものでした。

おそらく祖母山の土壌がもともと柔らかい上に、前日までの雨のせいで泥沼のようになっていたのだと思います。

私にとって、ここまで沈み込む山は初めての経験で、体力的にも精神的にも本当に疲れる登山でした。

ただ、登山の後半からは、固い部分と柔らかい部分を目視で見分けることができるようになり、何とか無事に下山できました。

片足の登山家として想定外ともいえる経験も積み重ねながら、レベルアップできた貴重な山行だったと思います。

障害のある人を富士山に連れて行く

東京の渋谷の会社に勤務していた2005年（平成17年）頃より、私は関東の友人たちと「ドリームメーカー」というボランティアサークルを立ち上げて活動を行っていました。

その活動とは、〝みんなでやれば怖くない〟をモットーに、障害を持った人たちを対象に、海水浴・登山・スキー・温泉などのアクティビティ（活動）を体験してもらうというものでした。

私が担当したのは登山部門です。

私は、登山部門のリーダーとして、富士山に登るイベントを毎年のように開催しました。

クラッチや義足の障害者を、これまで数十人サポートして、富士登山に連れて行きました。

テレビ番組のように過保護なサポートは一切しません。あくまでも自分の力で登頂してもらう企画です。当然ながら、万が一の時を考え健常者のサポーターも同行してもらいます。

障害があるため、富士山に登りたくても不安で踏み切れない人たちが、私たちのサポートで頂上に登り、満面の笑みを浮かべているのを見るのはとても嬉しく、感動的な体験でした。

しかし、後日話を聞くと、富士山の登山以降は山に登っていないという人がほとんどでした。

障害があっても山に向かう人は、やっぱりまれな存在なのだと知りました。

それでも、その人の人生において、富士山に登頂したことは貴重な一生の思い出であり、それ以上に大きな自信に繋がったことは明らかでした。

そのお手伝いができたことは、私にとっても大きな意味のある活動だったと思います。

不思議な山の声

山は、神様がいる神域といわれています。

そのためか不思議な出来事が起こります。

この話は、いままで誰にも話していません。言っても信じてもらえないと思うからです。

2017年7月、北アルプスの槍ヶ岳に登った時の出来事です。

2日目は、槍ヶ岳山荘に泊まる予定でしたが、天候が急変して、身体が浮き上がるほどの暴風雨になりました。

命の危険を感じ、目的地まであと500mの所で、急遽（きゅうきょ）「殺生（せっしょう）ヒュッテ」という山小屋に逃げ込みました。

ヒュッテとは、ドイツ語で山小屋のことです。

夜中に起きて、私は、山小屋の外に出てみました。

視界は悪く、辺りはガスで真っ白になり、近くにあるはずの槍ヶ岳の姿すら見えません。槍ヶ岳のある方向を眺めながら、「明日登るか、下山するか」を思案していた時のことです。

「帰れ　片足で挑む者よ、我を侮るな」

不意に、そんな言葉が頭に響いたのです。

山の声か、心の声なのか。

はたまた幻聴だったのか。

その声の正体は、いまでも分かりません。

自然の力を見くびるな、という何かの警告なのかもしれない、と感じた私は、登頂を諦めて下山を決断しました。

下山を決めた翌日、天候は回復して、晴れ間が出てきました。

それでも雪渓で転倒すれば、身体が滑り落ちる危険性があり、滑落したら岩にぶつかって大けがをするリスクもあります。実際、私は転倒しましたが、一歩手前で身体はうまく止まり、大事には至りませんでした。

その後、下山の道すがら、蝶やリスなどの小動物が現れて、先を進み、交代で私の先導役をつとめてくれました。ルートを示してくれているのです。


「ああ、自分は護(まも)られている」

私は、その時、〝山の護り〟の存在を、初めて感じました。


この不思議な声は、いつも聞こえるわけではなく、何も聞こえないことの方が多いです。

いままで声が聞こえたのは、槍ヶ岳、剱岳、鹿島槍ヶ岳に登った時だけでした。

不思議な体験でしたが、あの声に従っていたからこそ、いまも無事で、山に挑戦できているのだと思います。

この不思議な体験の後、私は必ず、山に登る時に一礼と、下山した時に一礼をするようになりました。

百名山登頂を目指した 83歳のアルピニスト

２０１９年（平成31年）、東京・埼玉にまたがる百名山のひとつ、雲取山（くもとりやま）に登った時の話です。

登山道の途中にある「霧藻ヶ峰休憩所」の管理人の、新井靖雄さんと出会いました。

新井さんはおそらく70代以上の年齢と思われます。土日と祝日は、雲取山で管理人の仕事をされ、平日は、山岳ガイドの仕事をされていました。

新井さんがこれまでガイドをした登山家の中には、私のように日本百名山の登頂を目指す、83歳のアルピニストがおられたそうです。

アルピニストとは、登山家のことです。

ヨーロッパ南部のアルプス山脈のような高い山に登れる技術を持つ登山家を、尊敬を込めて、アルプスにちなんでこのように呼んでいます。

登山家にとっては、山に登り続けることが人生の中心なのです。

この83歳のアルピニストも、まさに人生を賭して、百名山に登り続けており、すでに80座まで登頂されています。

剱岳には、77歳の時に登ったとのこと。

この年齢での剱岳への登頂、これはもう、にわかには信じられない話です。とはいえ、この83歳のアルピニストの剱岳登頂のガイドを実際に行った新井さんの言葉だけに、信じるほかありません。

ただ、それは本当か？　と私が一瞬、疑念を持ったのには理由があります。標高2999mの北アルプスの岩峰・剱岳は、「岩の殿堂」の異名をとり、上級者向けで、難易度は、単独の山としては、日本百名山の中でも最難関と畏れられています。

その険しさゆえに剱岳は、明治時代に入っても人跡未踏といわれていました。それほど難易度が高く、多くの登山者の命を奪ってきた魔の山なのです。その山を77歳で登頂することはとてつもなく至難の業といえます。

剱岳への登頂がいかに難易度が高いかは、鎖や梯子などを使って岩峰を登らなければ山頂を極めることができないことからも明らかです。登山経験が豊富で、岩壁を登った経験がないと、おいそれと登頂できない山なのです。

「下をふりかえるな」

という言葉が剱岳登頂にはあるくらい、すさまじい断崖絶壁を登攀（とうはん）しなくてはなりません。滑落すると、死に至る重大事故となるおそれが充分にあります。

それゆえに、安全に登るために、山岳ガイドを依頼する人が多い。

剱岳への登頂には、「焦らない」「気を緩（ゆる）めない」「無理をしない」、この3要素が必要です。

しかしながら、険しい稜線と深い谷が織り成す迫力ある剱岳の雄姿は、これまで多くの登山者やクライマーの心を魅了してきました。

かくて、難所を乗り越えた先には誰もが憧れる、息をのむような360度の大パノラマが眼下に広がっています。

山頂からの大眺望は、絶景すぎて言葉が出てきません。

思い起こせば、私が剱岳に登頂したのは、2017年8月のことでした。

この時は単独ではなく、剱岳の登頂経験がある山のベテランの友人たちと3人で登りました。

並の山の登頂程度では、マメすらできないほど鍛えた手の平だったのですが、この山は厳しい難所の連続で、自慢の手の平はボロボロになり、満身創痍でようやく登頂することができました。

私にとっては、それほど厳しい山でした。

「私は、50年以上も山に登っているが、あなたのように片足で登る人は初めて見ました」

山岳ガイド、新井靖雄さんは私を見て言いました。

そして、コーヒーを2杯もサービスしてくれました。

私が無事に、日本百名山を登頂したあかつきには、雲取山の休憩所で新井さんが祝賀パーティーを開いてくれるそうです。

増えていく嬉しい約束

２０２２年（令和４年）に登った、東北の磐梯山でのことです。

登山道の途中の山小屋「岡部小屋」で女将の岡部みよしさんと出会いました。

片足で登ってきた私に感激した女将さんは、磐梯山のペナント（細長い三角形の旗）をプレゼントしてくれました。おまけにスイカまでご馳走になって、本当にお世話になりました。

女将さんは山岳部出身で若い頃から山に登っているそうです。

私が百名山を登ったら、もう一度磐梯山に登って、女将さんと一緒に万歳をする約束をして別れました。

百名山を達成したら、報告すべき人がまた一人増えました。


今度は、磐梯山を下山中に、また、声をかけられました。

片足で登山をしていると、驚かれたように、よく声をかけられます。

「〝だいたい〟ですか？」

と、この日も声をかけられました。30代くらいのカップルです。

「〝だんたん〟5㎝です」

私は答えて、少し話をしました。

これは医療業界の〝隠語〟みたいなもので、仲間内だけで理解できるものです。

「だいたい」とは大腿部からの切断のこと、また、「だんたん」は断端（残った足の部分）のことで、知らない人が聞いたら、ちょっと何を言っているのか分からないと思います。

私は、その時、義足を使わない理由や、クラッチの便利さを話しました。

何より、片足でも登山ができることに驚いたその人は、義足の部品メーカーに勤務する人でした。

今後、その人が、取引先や義足のユーザーの方に、「片足でも登山をする人がいる」「この目で見てきた」と言えば、登山に興味を持ちはじめる人が増えるかもしれません。そうなると良いなと思いました。

紡がれていく運命

2022年8月、北アルプスの鹿島槍ヶ岳から五竜岳（ごりゅうだけ）を、縦走する予定で登っていた時のことです。

途中にある爺ヶ岳（じいがたけ）付近で、下山してくる数人の撮影クルーとすれ違いました。

すると、すぐにそのうちの二人が引き返してきて、声をかけられました。

その一人が、NHK長野放送局の小島日佳里さんという女性ディレクターで、聞けば、旅番組の取材で爺ヶ岳に来ているといいます。

私は、メディアの取材はあまり好きではないので、通常なら「先を急ぎますので」と、適当に言い置いて立ち去るのですが、小島さんの目の輝きが印象的で、その時は、私が百名山登頂に挑戦中であることを告げて、少しだけ話をして別れました。

翌2023年4月、私の携帯に、見知らぬ番号から着信がありました。

「桑村さんの百名山挑戦の様子を取材させてください！」

爺ヶ岳でお会いした、NHKの小島ディレクターからの電話でした。

私は、電話番号を伝えたこともすっかり忘れていましたが、小島さんは、ずっと私を取材したいと思ってくれていたそうです。

ただ、私は、基本的にメディアの取材オファーは、受けない主義を貫いていました。

なぜなら、メディアは、障害を持つ者が挑戦することを〝お涙頂戴〟のストーリーにしたがる傾向があるからです。

私自身、過去にトライアスロンなどのスポーツでも、様々な取材を受けてきました。そのたびに、メディアというフィルターを通して感動の物語が作られ、こちらが伝えたいことが伝わらないということを、いままで数多く経験してきたのです。

勝手に悲劇の主人公にされていたり、私が言っていないことをナレーションで入れられたりすることも多々ありました。

そんなことが続いたので、私はいつしかメディアを信用できなくなっていました。

それで、これまで自分のやってきた挑戦の模様は、すべて自分の言葉で、真実のみをSNSで発信することにしていました。

結局、それが、自分のことを一番正確に伝えられる手段であると確信したからです。

しかし、小島さんと話した私は、「お涙頂戴ではなく、一人の人間の挑戦を、リアルドキュメントとして取材します」という言葉を信じて、今回は取材を受けることを決めました。メディアの密着取材を受けるのは、実に20年ぶりのことです。

山に情熱をかけた一人の男の挑戦を、いまの時代に生きた証として、純粋に映像に記録して遺してもらえればそれでいいと思いました。

そして、そのドキュメンタリー番組を通じて、なぜ片足で山に登るのか、その意味をより深く自分に問いかける機会になるといいなと思いました。

ネガティブな部分だけを強調するのではなく、正確に伝えてもらえるなら、メディアの持つ力、瞬間的な拡大力にはすごいものがあります。

片足でも山に登れるんだ、という事実を、多くの人々に知ってもらえる効果は大きいと思いました。

そして、この出来事がきっかけとなって、運命の糸がさらに紡がれていくことになろうとは、その時は夢にも思いませんでした。

第7章

片足で挑む山嶺（さんれい）

ささやかな希望

当初は、不可能と思えた片足での山への挑戦も、準備と鍛錬をしっかりして臨めば可能となる。

そのためには、予め危険なことが発生する確率や内容を予測し、事前にそれを回避、または損害を最小限にとどめる対策を立て、備えておくことが重要だ。

登頂への最大の障壁は、自分の心の中の敵だ。

「そんなことをやるのは難しいだろう」

「やれるわけがない」

やる前から、それまでの固定観念や失敗をおそれる気持ち、見栄や自尊心などに縛られて、最初から挑戦しない方を選ぶことだ。

そんな弱い自分の心の中の敵をいかにして後ろに押しやり、いかにして高い壁に挑み、その壁を乗り越えられるか。

それを実行できたなら、不可能が可能になるという、さらに一段高い、新しい領域に立つことが可能だ。

その時、片足で山に登るという、自分にしか味わえない至福の喜びに全身で触れることができるはずだ。


しかし、いかなる山であれ、片足で登頂するのは、常に死と背中合わせだ。

そういうことも含めて、どこかに、私と同じ片足の登山家がいないものか、もしいたら同じ境遇の者同士、胸襟を開いて虚心坦懐に腹の底から語り尽くしたいと思っていた。

そういう日がいつか、来ないものかと。

そこで、私は、日本百名山の登頂を続けながら、同時に自分の他に片足で山に登っている人がいないか、現在から過去までさかのぼり、様々な関係機関を通じて調べる活動も地道に続けていました。

しかし、障害者スポーツの知り合いの中に、義足や義手を使って、いくつかの山に登った経験のある人は数名いましたが、いずれも私より障害は軽度であり、片足で、しかも、難易度の高い山に登っている人はいませんでした。

やはり、いないか。

失望と落胆の気持ちが私の心の中で渦を巻いていました。

危険を冒してまで片足で山に挑むという、私のような物好きな人はいないだろう、と思って始めた山への挑戦ではありましたが、「どこかにいてくれたら」という淡い期待もありました。

もし、自分と同じ志を持った挑戦者がいたら、私には具体的に聞いてみたいことが山ほどありました。

なぜ片足で、山に挑もうと思ったのか？

岩場での登山の時は、クラッチさばきはどうするのか？

等々、お酒でも酌み交わしながら、あらゆる点で情報交換がしたいと思っていたのです。

隻脚の先駆者がいた

私が、百名山を登りはじめてから3年ほど経った、ある日のことでした。

インターネットで「片足登山」というワードを検索していた時に、とある一冊の本がヒットしました。

『松葉杖登山40年』

と、本のタイトルにあります。

著者は「横田貞雄」と記されています。

「すごい。片足で登っていた人は、やっぱりいたんだ」

私は、生き別れになった肉親に出会えたような、嬉しい気持ちになりました。

1974年（昭和49年）出版とありますので、いまからちょうど50年前で、出版社も現存していないようです。

本も、いまでは絶版になっていて、古本屋に出るのを待つか、国会図書館で手にとるしか読む方法はありません。

まさか、と思った私は、何とかこの本を探し求めて買って読んでみました。

本の内容は、私にとって震えるほど衝撃的なものでした。


その本によれば……。

横田貞雄さん、1901年（明治34年）に、長野市三輪で生まれる。

数え年（以下同）22歳で骨肉腫により右足を大腿部より切断。

33歳の1933年（昭和8年）から、73歳の1973年（昭和48年）までの40

年間に、松葉杖で、剱岳・槍ヶ岳などの３０００m級の山を含む、日本百名山を40座以上登頂した、とあります。

なんと、深田久弥氏が、日本百名山を選定するよりもはるか昔に、片足のアルピニストが実在していたのです。

『松葉杖登山40年』

昭和初期の頃は、スマホや、ゴアテックス製の雨具等も無く、もちろんＧＰＳ機器等も無い時代です。

そんな時代に、松葉杖・浴衣・下駄というスタイルで、山に登られていたのです。山へのアクセスも、現代のようには充分に整備されていなかったことでしょう。

もし、いまもご健在でいらっしゃるなら、お会いしたいと心底思いました。

そして一番に聞いてみたい。

なぜ、片足で山に挑もうと思ったのか？

もし、生きておられるなら、100歳をとうに超えていることになります。

すでにお亡くなりになっていると思われますが、その本には偉大な先駆者のあしあとがしっかりと刻まれていました。


本には、私がまだ足を踏み入れたことがない山のことも、その山にどのようなルートで登ったか、どんな場所で苦労したかが書いてありました。

片足での目線で書かれたその本が、その後、私が山に挑む上で、どれだけ励みになったかは言うまでもありません。

横田さんの本には、私自身、共感できることがたくさん書かれていました。

本心を言えば、これまで私は、腕や身体が痛くなり、途中で「山に登るのをやめよう」と思ったことは一度や二度ではなく、何度もあります。

でも、そのたびに、隻脚の先駆者、横田さんの本を読み返して、自分自身を鼓舞してきました。

「横田さんは、40年間も山に登り続けていた。たかが数年で、お前は弱音を吐くのか」と。

私はその後も、SNSを通じて、横田貞雄さんの消息を訪ねましたが、それ以上の情報にはたどり着けませんでした。

本に記載のある、長野市のご住所にも実際に行ってみましたが、親族の方はすでに引っ越されているのか、違う名字の方が住んでおられました。

横田さんとお話がしたかった。

もし、亡くなられていたとしても、親族からでもお話を伺いたかった。

片足で一人で登山に挑戦し続けている、自分のことを報告したかった。

「横田さんと同じように、私も片足で山に登っています」

「横田さんの本に、山に挑む勇気をもらいました」

と、感謝とお礼の言葉を直接、伝えたかった。

紡がれて繋がる糸

横田貞雄さんの本と出会ってから、7年の歳月が流れました。

横田さんを捜し出すのは、半ば諦めかけていました。個人で調査するのは限界があったからです。ですが、私と横田さんを繋ぐ1本の運命の糸は、思いもよらぬ所で紡がれていたのです。

私が、ＮＨＫの取材を受けたことから、この物語は大きく進展することになります。

取材の中で、私から横田さんの本の話を聞いた、先述したＮＨＫ長野放送局の小島日佳里ディレクターが、なんと親族の方を捜し当ててくれたのです。そして、それを、番組の撮影中にサプライズで教えてくれたのです。本当に驚きました。

直前まで私に言わない方が、リアルな驚きを撮れるという算段で、内緒にしていたのは、少し意地悪かなとは思いましたが。

ともあれ、よくぞ捜してくれましたと、私は喜びでいっぱいでした。

これで自分の思いを伝えることができる。

普段はお断りする取材のオファーを、今回は特別に受けたのも意味があったように思えた出来事でした。

ドキュメンタリー番組は、２０２３年８月、私が、過去に登頂を断念していた鹿島槍ヶ岳から五竜岳を縦走する時、取材クルーも同行して撮影するという計画で、登山の前日に撮影も兼ねて、横田さんの親族の方とお会いすることができました。

お会いしたのは、横田貞雄さんの甥にあたる横田慎一さんという方でした。

慎一さんは、私たち夫婦を温かく迎えてくださり、貞雄さんの眠るお墓にも、案内してくださいました。

「貞雄さん、あなたの存在が、私の背中を押してくれました」

「あなたが登りたかった山に、私が代わりに登って見えた景色を、また報告しに参ります」

私は墓前で、横田貞雄さんにお礼とともに、こう誓いました。

片足のアルピニスト

翌日から、私は、鹿島槍ヶ岳から五竜岳を縦走するという計画を実行に移しました。

取材クルーも同行して撮影します。

3泊4日の山行は天候に恵まれ、無事に登頂することができました。

その時の撮影の記録は、2023年10月22日のNHK総合「Dearにっぽん」と、11月29日のNHK BSにて、いずれも「片足で挑む山嶺」のタイトルで放送されて、予想以上の反響があったと聞きました。

番組の内容も、事前の約束どおり、私の言葉をありのままに、一人のアルピニストの挑戦として、伝える内容になっていました。

片足とクラッチでの登山シーンを、空撮を含めて数多く撮ってもらえたのは、私にとっても貴重で嬉しい記録となりました。

切れ落ちた岩稜帯などでは、危険が伴うため、なかなか自分では撮影できません。

自分で撮影したとしても、アクションカメラをヘルメットに装着して撮るのが関の山で、そのような映像は揺れていて見にくく、どうしても綺麗には撮れないのです。


片足で登る際に、岩場はどうやって登っているのか？

梯子はどうするのか？

鎖を持つ時のクラッチはどうさばくのか？


それらを映像に遺したい気持ちが以前からありました。それらの私の願いは、今回、すべて叶えられ、映像に収められています。

ドキュメンタリー番組は、山に精通したカメラマンによる、手持ちカメラとドローンまで駆使しての大がかりな撮影で、美しい山嶺を行く一人の片足の登山家の大自然の中での孤独な挑戦の模様を、ダイナミックに記録しています。

片足のアルピニストの存在のみならず、その登山シーンを映した映像は、いままでにあるはずもなく、本当に貴重な映像を後世に遺すことができたと思います。

今後、クラッチで登るアルピニストが現れ、この映像から何かしらのヒントを得ることになるなら、私としても嬉しい限りです。

登山を終え、大阪に戻る前に、私は一人でもう一度横田さんのお墓に伺い、横田さんの登りたかった「鹿島槍ヶ岳」からの景色を報告することができました。

このことは、NHKの皆さんには内緒でした。

それを言うと、お墓まで密着撮影されるに決まっています。

一人で横田さんとお話ししたかったのです。

小島さん、ごめんなさい。

時空を超えた出会い

人の思いは時空を超えて後世に紡がれていくものだ、と思う出来事がありました。

２０２０年９月22日、妻と一緒に、百名山の浅間山に登った時のことです。

標高２３０９ｍのトーミの頭（かしら）という地点から、浅間山の第一外輪山の最高峰である黒斑山（くろふやま）の標高２４０４ｍの頂上に向かう途中で、一人の登山者とすれ違いました。

その人は、片足で登ってきた私の姿に、何やら心を動かされた様子で、話しかけてきました。

年の頃は、70歳から80歳ぐらいでしょうか。高齢の男性の登山者でした。

「あなたのように片足で登る人を、大昔に燕岳（つばくろだけ）で見たことがある」

「もう、何十年も前の、私が子供の頃の話になるがね」

「いや〜、いいものを見せてもらった。ありがとう」

そう言い残すと、その名も知らぬ登山者は下山して行きました。

燕岳は、飛驒山脈（北アルプス）にある標高2763mの山です。

その時はピンときませんでした。しかし、後になって調べてみて驚きました。

その人が目撃したという「片足の登山者」とは、あの明治生まれの隻脚の登山家、横田貞雄さんではないかと。

横田さんが執筆した本『松葉杖登山40年』によると、横田さんは１９５４年(昭和29年)、54歳の時に燕岳に登っています。

絶対にそうだとは言い切れませんが、高齢の男性が子供の頃という時期とも合うのです。

それに、そもそも片足で山に登る人など、当時もいまも、そういるはずもありません。

その人が子供の頃に出会った片足の登山者が横田貞雄さんだとしたら、なんと私は、横田さんを目撃した「生き証人」と出会ったわけです。

それはまさに、時空を超えて、人の思いは後世に紡がれていくものだ、と確信する出来事でした。

あの日、あの時間、浅間山に登らなければ、私が生涯出会うことがなかった人であるかもしれません。

片や、1954年に隻脚の登山者、横田貞雄さんと思われる人物を目撃し、66年後、再び、また違う隻脚の登山者に遭遇するなど、その人にとってもまた、限られた人生においてそう滅多にあることではない。

そう思うと、人の縁とは、何とも不思議でドラマティックで、わくわくするものだと高揚したのを覚えています。

数万人の目撃者

日本百名山登頂を目標にして、私が山に登りはじめてから11年以上が経ちました。

その間、いろんな山に登って、多くの人たちと出会いました。

ひとつの山でも少なくて数十人、メジャーで登山者の多い山では、1日に数百人もの人とすれ違います。

「片足でも登山ができるということを、病院でリハビリしている患者に伝えます」

「自分も障害があるのですが、あなたの挑戦を見て励まされました」

「天狗(てんぐ)様に見えました」

などなど、たくさんの人から私は声をかけられ、お話をしてきました。

天狗様に見えました、とは驚きです。

ちなみに、天狗とは深山に棲息するといわれる妖怪で、鼻高で、神通力を備え、翼があって自由自在に飛び回ることができるとされます。災難を取り除いてくれる偉大なる威力の持ち主のことです。

とうとう「妖怪」にされてしまいました。可笑しくて笑ってしまいます。

片足で登山をする私の姿を見た人々の反応は様々です。

話しかけてくる人もいれば、直立不動で固まって黙って見ている人、急に元気ハツラツになる人、手を合わせて拝む人など、見ているこちらが飽きません。

おもはゆいですが、片足で登山をすることで、誰かの心を動かし、何かの役に立っているのだとしたら、それだけでもとても嬉しい気持ちです。

片足で登山をしている私の姿を目撃した人の数は、これまで数千人にも及ぶでしょう。いや、もしかすると数万人になるかもしれません。

数万人の私の「生き証人」の皆さんが、家や職場などで私の目撃談を語ってくれているとしたら、そこには、数万の「エピソード」が紡がれているはずです。

「山に登っていたら、片足で登る人を見たよ」

自分自身の意志で始めた、前人未到の片足での日本百名山登頂ですが、そんな私の目撃談が、次の世代の人に、そして次の挑戦者に紡がれていく日も、そう遠くないのかもしれません。

万一、私の代で百名山登頂が達成できなかったとしても、そのあしあとさえ残しておけば、必ず次の世代が継いでいってくれるものと信じています。

片足のアルピニストとして、私はこれからも日本百名山に挑戦していきたいと思います。

横田貞雄さん、あなたの思いは、私がたしかに引き継ぎました。

そびえ立つ最難関の山々

2024年4月現在、百名山登頂も残りおよそ30座です。

30座の中には、最難関といわれる山々がいくつもひかえています。

幌尻岳（ぽろしりだけ）、トムラウシ山、皇海山（すかいさん）、飯豊山（いいでさん）、南アルプスの奥地、これらはいずれも百名山を登頂した方々の口から出た、登るに難所だったという山々の名前です。

残りの30座を「たった30座しかない」と捉えるか「まだ30座もある」と捉えるか。

私は、「まだ30座もある」と捉えています。

いままで登った山で、片足で挑戦し、登れなかった山は、幸運にもひとつもありません。

だからといって、これから登るこれらの山もすべて片足で登れる保証はどこにもありません。

どれひとつとして同じ山は無く、これらの山々は、あの横田貞雄さんも未挑戦の山なのです。

私が片足のアルピニストとして、初めて挑む山々ということになります。

くり返しますが、私は、山に挑む以上は、絶対に生きて戻らなければならないと考えています。

もし遭難してしまったら、そして、もしも山で命を落としたら、私を見ていた人たちは、口を揃えてこう言うでしょう。

「それ見たことか、片足での登山なんて無謀だったのだ」

「山に興味があったけど、やっぱり危ないからやめておこう」

そんな事態になることだけは、避けなければいけない。

道を開拓する者が、自ら道を閉ざすことだけはあってはならないからです。

この思いは、横田貞雄さんの著書の中にも同様の記述があります。

おそらく横田さんも私と同じ思いで、山に挑んでおられたのでしょう。

それに、私には、必ず生きて帰るという、妻との大事な約束があります。

そのため、これからも絶対に無理はしません。

どんなに立派な大義名分があっても、命を落とすようなことがあっては意味が無い。

命を代償にしないと手に入らないものなどはあってはならないし、求めてはならないのです。


この先も、片足で登れない山があれば、躊躇なく諦めて、私の挑戦はここまでと登頂をさっさと切り上げて山を下るでしょう。

でも、私は百名山登頂は必ずできると信じています。

そうでなければ、神様は過去に2度も、私を生かすことはしなかったでしょう。

時に神様は、人間に試練を与えてくれます。

その試練は、無理難題であるかに思えたり、絶望的にも感じるものかもしれません。

しかし、神様は、乗り越える力を持っている者にしか、試練は与えないと思います。

これからも、山に対して畏敬の念を持つことを忘れず、真摯に取り組み続ける限り、神様は私を護ってくれるはずです。

百名山に登ることが、私の天命なのですから。

最後に、私の座右の銘ともいうべき、ふたつの言葉を記します。

〝たとえそこに道は無くとも、誰かが歩けば、やがてそこは道となる〟

〝大いなる力には、大いなる責任がともなう〟

私には、私と同じ時代に生きている、何千人、何万人もの、私を目撃した「生き証人」の皆さんがいます。そして、私の挑戦を見守ってくれています。こんなに心強いことはありませんし、こんなに幸せなこともありません。

私という人間は、世界一の幸せ者だと思います。

私の人生に関わっていただいたすべての皆さんに、心から感謝いたします。

おわりに

私は普段から義足はつけずに、片足クラッチで生活をしています。ジムで筋トレしない日もクラッチで歩けば、全身の鍛錬になるからです。

街中では、私と同じクラッチで歩く人には、ほとんど出会うことはありません。

義足や車いすよりも、片足クラッチは目立ちすぎて注目の的になるので、他人の視線が気になるのだと思います。

しかし、片足歴50年以上で、日本で一番人が多い街のひとつの渋谷に10年間通勤していた私は、いまでは他人の視線が気になることはまったくありません。

これは鈍感だからではなく、〝慣れ〟というものなのです。

それでも、一般的には目にすることのない珍しいスタイルなので、よく声をかけられます。

先日も、いつもは行かないコンビニに立ち寄った際に、店員さんが話しかけてきました。

「私の主人も片足を切断して、車いすで生活していますが、あなたのように軽やかに歩くことはできません」

私は、「車いすは便利ですが、歩かないと残った足が弱ります。なるべく自分の足で歩いてください」と、ご主人の生活指導まで行って店から出ました。


店を出ると、また違う人から声をかけられます。

「足はどうされたのですか？」

私は、見も知らぬ人にも、自分が骨肉腫で足を切断した経緯や、片足で山に登っていることまで、丁寧に説明します。

私にとって、こんなことは日常茶飯事です。

聞かれるたびに、ビデオを再生するように同じことを何度も説明するという

「小さな運動」をしています。

片足にクラッチというスタイルが珍しくなくなれば、誰も声をかけなくなるでしょう。

その日が来るまで、私の小さな運動を続けていくつもりです。


人間は、この世に生を受けて、人生という限りある時間を過ごし、そして死んでいきます。

それは、すべての人間に共通する、避けることのできない自然の理（ことわり）です。

でも、生まれることと死ぬことは変えることはできないとしても、人生を過ごす時間をどう生きるかは、自由に変えることができます。


〝天命〟という言葉があります。日常生活ではあまり聞き慣れない言葉ですが、私は天命についてこう考えています。

人が、この世に生まれてくるのには、何か理由がある。
理由も無く無駄に生まれてくる人間なんて誰一人としていない。
その神様が与えた理由こそが〝天命〟なのだと。

しかしながら、すべての人間が自分の天命を知り、天命を全うして人生を終えるわけではないし、天命に気付かないまま亡くなる人もいると思います。与えられた天命は人それぞれ違うので、他人が教えてあげることもできません。自分で模索しながら見つけるしか方法は無いのです。

私が、この本を読んでいる人に問いかけたいのは、あなたは自分の天命に気付いていますか？　ということです。

天命を知っている人は、全うできるよう努力してほしいし、まだ知らない人はぜひ、自分に天命があることに気付いてほしい。

それがきっと、充実した人生の過ごし方に繋がるのではないかと思います。

人生をつまらなく生きるのも、ドラマティックに楽しんで生きるのも、あなたしだいなのですから。


私にとって、神様から与えられた天命は、五体満足で生きることではなく、「一本足」になって、前人未到を成すことでした。


私を、女手ひとつで懸命に育ててくれた母も、もうすぐ87歳になります。

高齢となり、立ち仕事の美容師は辞めて、いまは、私の自宅から近い介護施設で老後をゆっくりと暮らしています。

その部屋には、私が登頂した山の写真が飾られていて、還暦を過ぎても「わんぱく坊主」であり続ける一人息子の私のことを、いつも心配してくれています。片足で生きる術を教えてくれた母には、感謝しかありません。

これからも、山から帰ったら、母の元に無事を報告しに行きたいと思います。

日本百名山登頂という天命を達成するまで、あと数年はかかる予定です。

その時は私も65歳を超えていそうですが、百名山を達成した後もおそらく山には登り続けているでしょう。

登山は、いくつになっても楽しめるアクティビティですし、すでに私の人生においては、ひとつのライフワークとなっているからです。

たとえ、高齢になり体力が落ちてきて、難易度の高い山には登れなくなったとしても、マイペースで、低山や近くの里山に登ることならできるでしょう。

妻と一緒に、お弁当を持って登り、山頂で景色を見ながら水彩画を描いたりして、ゆったりとした時間を過ごすでしょう。

それは、天命の「前人未到」ではないかもしれませんが、私が将来、やってみたい夢なのです。

そして、いままで登った山のことを、出会った人たちのことを話すでしょう。

人はなぜ山に登るのか？

この問いは、昔もいまも登山家にとって永遠のテーマとされています。

山に登っている人でも明確に答えられる人は少ないように思います。

しかし、いまの私なら、自信を持って即答できます。

答えは、いたってシンプル。

山が好きだから。

片足のアルピニスト　桑村雅治

〈著者プロフィール〉

桑村雅治（くわむら・まさはる）

1963年大阪府生まれ。両親は幼い頃に離婚し、祖母と母親に育てられた。8歳の時に骨肉腫という骨のがんにより左足を付け根から切断。高校卒業後、地方公務員やカー用品販売店など様々な仕事を経験。仕事の傍らバドミントン・水泳・スキー・自転車と、様々な競技スポーツに取り組む。23歳の時、インドネシアで開催されたフェスピック（現在のアジアパラ競技大会）において、バドミントンで日本人初のメダル（銅メダル）を獲得。2001年から、日本初の大腿義足の選手としてトライアスロンにも挑戦。2012年に現役引退。その後、片足で前人未到の登山に挑むことこそが自分の天命と思い、日本百名山に挑戦中である。2015年に結婚した妻と二人暮らし。2023年、家電メーカーを定年退職。2024年現在、100座のうち68座に登頂。完登は3年後の予定だ。

片足で挑む山嶺

2024年9月5日　第1刷発行

著　者　桑村雅治
発行人　見城 徹
編集人　福島広司
編集者　鈴木恵美

GENTOSHA

発行所　株式会社 幻冬舎
〒151-0051　東京都渋谷区千駄ヶ谷4-9-7
電話　03(5411)6211(編集)
03(5411)6222(営業)
公式HP:https://www.gentosha.co.jp/
印刷・製本所　株式会社 光邦

検印廃止

Printed in Japan
ISBN978-4-344-04341-1　C0095

この本に関するご意見・ご感想は、
下記アンケートフォームからお寄せください。
https://www.gentosha.co.jp/e/